如何存在

与青年法律人谈心

吕红兵 / 著

封面题字：李世亮

法律出版社 LAW PRESS·CHINA
北京

图书在版编目(CIP)数据

如何存在：与青年法律人谈心／吕红兵著. -- 北京：法律出版社，2021
ISBN 978-7-5197-5752-6

Ⅰ. ①如… Ⅱ. ①吕… Ⅲ. ①律师-工作-中国-青年读物 Ⅳ. ①D926.5-49

中国版本图书馆 CIP 数据核字(2021)第 139898 号

如何存在
——与青年法律人谈心
RUHE CUNZAI
—YU QINGNIAN FALÜREN TANXIN

吕红兵 著

策划编辑 薛 晗
责任编辑 章 雯 慕雪丹
装帧设计 马 帅

出版发行 法律出版社
编辑统筹 法商出版分社
责任校对 赵明霞
责任印制 胡晓雅
经　　销 新华书店

开本 A5
印张 11　**字数** 190 千
版本 2021 年 11 月第 1 版
印次 2021 年 11 月第 1 次印刷
印刷 中煤(北京)印务有限公司

地址：北京市丰台区莲花池西里 7 号(100073)
网址：www.lawpress.com.cn
投稿邮箱：info@lawpress.com.cn
举报盗版邮箱：jbwq@lawpress.com.cn
销售电话：010-83938349
客服电话：010-83938350
咨询电话：010-63939796

书号：ISBN 978-7-5197-5752-6　**定价**：78.00 元
凡购买本社图书，如有印装错误，我社负责退换。电话：010-83938349

“国浩人文文库”总序

“求木之长者，必固其根本；欲流之远者，必浚其泉源。”对律师而言，专业是立身之本，文化则是滋养人文精神世界的重要源泉。法律理性与人文情怀相互交融、交相辉映，是法律事业“问渠那得清如许，为有源头活水来”之水，是法治征途中驱散阴霾、汇聚希望、生生不息之火，是“文能提笔安天下，武能上马定乾坤”之豪情，是穿越黑暗、趟过烈火、抵达梦想之炙热。

专业层面，国浩律师事务所鼓励律师成为“专家律师”“学者律师”，精研法律、著书“立说”、“立功、立德”。而人文层面，国浩律师的定位是“君子律师”，谦谦君子、坦荡荡君子、家国情怀君子。经过16年沉淀，“国浩法律文库”系列丛书已硕果累累、各放异彩。恰逢此时，“国浩人文文库”诞生，为法律人开辟一方“精神家园”。

律师是律师文化的建设者和传播者，是社会公平正义的捍卫者和实现“中国之治”的中坚力量。子曰：“质胜文则野，文胜质则史，文质彬彬，然后君子。” 面对变幻的现实，面对我们的新时代，如果我们都能秉持一种和谐的人文精神、君子之道，将传统的人文道德、仁爱之心、家国情怀融入律师固有的气质，无疑将为法治社会建设贡献更大的力量。

作为中国最大的法律服务执业机构之一，国浩律师事务所不仅致力提供优质的法律服务，而且在法治建设过程中努力承担起应有的责任和初心。2008 年，国浩发布了国内律师事务所的首家社会责任报告，并始终用实际行动践行社会责任；2009 年，国浩开办《国浩人文》杂志，后又与时俱进通过国浩微信公众号开设“国浩人文”栏目，内容生动、意趣盎然，深受读者喜爱；近年来，国浩还设立了“国浩公益基金”，举办了一系列诸如国浩读书会、国浩篮球赛、国浩开放日等文娱体育活动，将人文关怀春风化雨，深入人心。

“国浩人文文库”系列丛书恰恰就是展现国浩律师人文精神的窗口、展示国浩人文关怀和社会责任的平台，更是社会各界朋友能够心意相通、情谊相连、志趣相投、道器相融的舞台。

文化如水，化雨流甘。如果阅读“国浩人文文库”能够成为“悦读”，如果读者朋友们能从中受益，我们将倍感欣慰。

国浩律师事务所

2021 年 11 月

目 录

C O N T E N T S

一 欢聚时，总有一些话要说

二 论道中，总有一些理要讲

③ 迎送间，总有一些语要寄

④ 相遇后，总有一些言要留

㊀

欢聚时，

总有

一些话

要说

01

我们应有的热爱

年年年会，今又年会。过去只是叫作吃“年夜饭”，顺便下午开个总结会议。我想，一年到头，辞旧迎新，总应该有一位年长者，来些老生常谈、警钟长鸣吧，于是“我说”也慢慢成为习惯。

那时候，人不多，也随意，颇有点围炉夜话、促膝谈心的意思，也令人品味白乐天“绿蚁新醅酒，红泥小火炉。晚来天欲雪，能饮一杯无？”的意境。饭后兴致尚好，便群至钱柜卡拉 OK，皆醉，咏而归。

看今朝，人众了，钱多了，场大了，格高了。程序性很强、仪式感十足。我也不能言之无物，更不敢信口开河。许多国浩外的朋友问我“今年年会讲什么啊”，与其说大家“期待”，不如说是我的“压力”。用前几年一个词儿“压力山大”，而现在可以叫作“我太难 / 南了”！

一

2019 年近尾声，《咬文嚼字》编辑部公布“2019 年十大最火网络流行语”，“我太难 / 南了”这个词儿强势入选。

非常有意思的是，那天我从收音机上听到这则消息时，车子正从南北高架驶过，一扭头看到了再也熟悉不过的南证大厦！犹记得当年，南方证券投行的朋友们同居此楼，他们开玩笑地讲：“‘南证’‘难挣’啊，太难挣钱了！”我当即“纠正”他们的说法，说：“‘南证’‘男挣’啊，说的是男人挣钱也！”一晃 20 年过去了，物非人亦非，南方证券已是过眼烟云，南证大厦也更名改姓。虽然南方证券朋友们一语成谶，但他们现在都还不错；而国浩律师虽来到嘉地中心，这个嘉兴之地、嘉善之地、嘉庆之地，却仍以“男人挣钱”的宏大气魄和精神担当，不懈努力，接续奋斗。

《南方周末》今年的新年献词题目叫《考验如火，正在淬炼真金》，想必大家也瞄过那么一眼。里面就有这样一句话“我太难了”，蕴含着那么多的无奈、自嘲和顾影自怜，却又展现出那么多在大时代考验下不服输不放弃的生动脸庞。没有什么比你内心的信念更加真切，没有什么比你内心的力量更加坚忍。这信念与力量将撑开我们共同的硬核时代，蹚过烈火，抵达梦想。

的确，“我太难了”，对我们生存的地球，对今日这个世界，对咱们的国家，对你们每一个人，都那么地恰如其分，甚至“一针见血”，几乎“一剑封喉”。

例如地球。《柯林斯词典》将“气候大罢工”列为2019年的“年度词汇”，而《牛津词典》的“年度关键词”则是“气候紧急状态”，有经济学家则将气候问题作为2020年的“灰犀牛”之一。地球业已进入“至暗时刻”，气候变化已经严重威胁人类生存。科学家预计，以工业革命前的温度为基数，如果气温上升1.5摄氏度，地球就非常危险，然而现在气温已经上升1.5摄氏度了！

再如世界。基辛格在其《世界秩序》（中信出版集团2015年版）一书中，系统盘点了当今世界秩序的来源，比如大国小国一律平等的秩序源自哪里、欧洲曾经的均势理论怎么说、维系当今世界和平的体系又是什么。而如今，全球化退潮、民粹主义高涨、自由贸易受挫、经济冷战和科技冷战降临。中美之间的较量，最终的结局无法预估，但已成为公认的又一个“灰犀牛”。《金融时报》首席经济评论员马丁·沃尔夫（Martin Wolf）说过，美国有三大宝贵资源——法制下的民主、自由市场经济和经济强大的盟国，但他认为美国似乎正在毁掉自己的宝贵资源。2019 年 11 月 12 日，他告诉人们，美国可能无法阻挡中国的崛起，只有中国自己的失误才能阻挡这个进程。决定胜负的不是对方的围剿战略，而是自身的应对战略。关于此，格雷厄姆·艾利森所著《注定一战：中美能避免修昔底德陷阱吗？》（上海人民出版社 2019 年版）一书可供参阅。

对我们个人，年末岁初，许多人在微信朋友圈上引用了纳兰性德的这句诗，来表达欲说还休的心境："我是人间惆怅客，知君何事泪纵横，断肠声里忆平生。""秦朔朋友圈"里有文章用这样一个单词缩写 VUCA 来形容时下。VUCA 就是 volatility（易变性）、uncertainty（不确定性）、complexity（复杂性）、ambiguity（模糊性）的集合。作者继而分析：事实上，如今全世界都不知如何去回应这种复杂混乱的现实，放到个人身上，就是千回百转、柳暗花明以及悲喜剧之间的往返跑。

二

然而，当今世界百年未有之大变局浩浩荡荡（大家可读《百年大变局》，严文斌主编，红旗出版社 2019 年版），当下中国改革开放波澜壮阔（各位可阅《龙兴：五千年的长征》，韩毓海著，中信出版集团 2019 年版），而你我也正奔跑在全面实现小康的康庄大道上（专家分析：2019 年我国国内生产总值预计将接近 100 万亿元人民币、人均将迈上 1 万美元的台阶）！谁也不能停歇，谁也无法停歇。

“太阳照常升起”，这是海明威说的；

“日子依旧要过，麦子还会再长”，这是电视剧《白鹿原》片尾唱的；

“沉舟侧畔千帆过，病树前头万木春”，这是刘禹锡吟的；

“天何言哉？四时行焉，百物生焉”，这是孔子教的；

“世界上只有一种英雄主义，就是在看清生活的真相之后依然热爱生活”，这是罗曼·罗兰写的。

说到这里，让我们先看一下 3 个平常人的镜头。

网络上的解说词这样写到：

夜幕降临的重庆街头，

建筑工人杨才明下班后，

像个孩子一样蹦蹦跳跳地前行，

他说那天并没有发工资，

也没什么特别开心的事情，

但再累，也别忘记要快乐。

有位老大爷时常骑三轮车载着三两盆花和一个小马扎上街。

他不是去卖花，而是去“遛花”。

他说：“天气好，我带它们出来晒晒太阳。”

她没有双腿，却似乎无所不能，

篮球、羽毛球、游泳、滑板……

全都不在话下，

她叫渭梅女，今年30岁，

她的笑容自信而温暖，

倔强的她总是说：

“我行，我自己来。”

然后，我们再看一下3个大人物的照片。这是中日韩三国政府总理的合影。

有评论这样说：

> 及至年底，一张东亚三国领导人极富喜感的照片让我们有所顿悟。世界太过复杂，有人逢场作戏，有人深陷其中。无谓的焦虑，轻如鸿毛。何不背上行囊，追逐阳光，让片刻的释放背叛庸常。

还是习近平总书记说得好：

> 我们现在所处的，是一个船到中流浪更急、人到半山路更陡的时候，是一个愈进愈难、愈进愈险而又不进则退、非进不可的时候。
>
> 信仰、信念、信心，任何时候都至关重要！[1]

三

大时代按下不表，小故事粉墨登场。接下来我讲一本书、一个人。2011 年 1 月，为了纪念著名作家史铁生，上海人民出版社推出《一个人的记忆》。这本书封面上这样写着：“上帝为了锤炼生命，将布设下一个残酷的谜语。”

1 《习近平重要讲话金句》，载《人民日报》（海外版）2018 年 12 月 19 日，第 5 版。

此书是史铁生的作品集。凡是读过他作品的人，没有不被他作品中焕发出的精神力量和艺术魅力所打动的，他的博大和深邃不仅仅是因为他身体的残疾，更是因为他的平实、宽厚、坚强和乐观。编者评说道，史铁生的作品在生命哲学的范畴有着地标式的意义，他精神的高度照亮了芸芸众生的旅程，任何时期，任何不同的人，都能从他的作品里读到足以排除任何困难的力量。

此言极是，尤其是他的代表作——《我与地坛》。史铁生是2010年12月31日因病去世的，好像是在次年冬天，我在北京出差的时候，特地去了地坛，直面感受史铁生。

“谁又能把这世界想个明白呢？世上的很多事是不堪说的。你可以抱怨上帝何以要降诸多苦难给这人间，你也可以为消灭种种苦难而奋斗，并为此享有崇高与骄傲，但只要你再多想一步你就会坠入深深的迷茫了：假如世界上没有了苦难，世界还能够存在么？要是没有愚钝，机智还有什么光荣呢？要是没了丑陋，漂亮又怎么维系自己的幸运？要是没有了恶劣和卑下，善良与高尚又将如何界定自己又如何成为美德呢？要是没有了残疾，健全会否因其司空见惯而变得腻烦和乏味呢？……就算我们连丑陋，连愚昧和卑鄙和一切我们所不喜欢的事物和行为，也都可以统统消灭掉，所有的人都一样健康、漂亮、聪慧、高尚，结果会怎样呢？怕是人间的剧目就全要收场了，一个失去差别的世界将是一潭死水，是一块没有感觉没有肥力的沙漠。”

“看来差别永远是要有的。看来就只好接受苦难——人类的全部剧目需要它，存在的本身需要它。看来上帝又一次对了。”

“那么，一切不幸命运的救赎之路在哪里呢？设若智慧或悟性可以引领我们去找到救赎之路，难道所有的人都能够获得这样的智慧和悟性吗？

我常以为是丑女造就了美人。我常以为是愚氓举出了智者。我常以为是懦夫衬照了英雄。我常以为是众生度化了佛祖。”

“但是太阳，他每时每刻都是夕阳也都是旭日。当他熄灭着走下山去收尽苍凉残照之际，正是他在另一面燃烧着爬上山巅布散烈烈朝辉之时。那一天，我也将沉静着走下山去，扶着我的拐杖。有一天，在某一处山洼里，势必会跑上来一个欢蹦的孩子，抱着他的玩具。

当然，那不是我。

但是，那不是我吗？

宇宙以其不息的欲望将一个歌舞炼为永恒。这欲望有怎样一个人间的姓名，大可忽略不计。”

“一千个读者，就有一千个哈姆雷特。”同样，每个人对这篇散文的体悟是不同的，但其每一个字句所透出的精神力量却充斥着、鼓舞着、引领着每一个读者！

四

接下来，让我们大跨度地回望至近一千年之前，说一说苏东坡吧。

2019 年 12 月 20 日，我们在海口举办了主题为“自由贸易港法治体系建设”的论坛。在致开幕词时我说，922 年前苏轼登临此岛时有言：“海氛瘴雾，吞吐吸呼。蝮蛇魑魅，出怒入娱。”而如今海南早已椰风海韵，万紫千红；近悦远来，安居乐业。东坡后来感叹：“问汝平生功业，黄州惠州儋州。”同样，国浩律师事务所亦心系天涯，情牵海角。我们与海南最负盛名的律师团队，战略合作、携手共进，创建国浩海南板块，唱响国浩律师品牌。

大家都熟读了苏东坡的很多诗词之句，其实只有把握作者写这首诗词时所处的时代背景、所在的地理方位、所持的个人心境，方能对其有更精准的领会与感悟。刚才谈到的“问汝平生功业，黄州惠州儋州”，前面还有两句，即“心似已灰之木，身如不系之舟”。这是苏轼 64 岁时在流放海南 3 年后北归中原的路上，在真州金山龙游寺看到自己的画像时所题的一首小诗。

对于这首诗，担任央视《中国诗词大会》《经典咏流传》文学顾问和点评嘉宾的康震教授，在其《康震讲三苏》（中华书局2018年版）一书中评价道：既是苏东坡对自己命运的自我解嘲，也未尝不是一种面对坎坷命运的勇气。黄州惠州儋州三次被贬，一次比一次惨烈，一次比一次孤独，但就苏轼对自己的认识而言，他一次比一次更接近真实的自己、自然的自己；就对生命的领悟来说，苏轼也一次比一次更趋于完善与自觉。三次被贬，终于成就了一个千秋苏东坡。

2018年的年会上，我给大家推荐过《苏东坡传》（林语堂著，湖南文艺出版社2012年版），建议大家闲来阅之。古往今来，人生大起大落者多矣，而如此这般宠辱不惊，苏东坡堪称典范。

其实在对待一件事物上，还有一个人似乎比苏轼有过之而无不及，那就是《红楼梦》里的薛宝钗，或者确切一点讲是《红楼梦》的作者曹雪芹。什么事物呢？就是再平常不过的柳絮。

引发我这个思考的是，有一天在飞机上断断续续看了姚晨主演的电影《送我上青云》，且正好前几天习近平总书记“新年贺词”中讲到“不负韶华”一词，微信朋友圈转发不少带“韶华”的古诗词，于是，曹雪芹的这首诗就满屏涌现、引人注目了：

临江仙·柳絮

白玉堂前春解舞，东风卷得均匀。蜂围蝶阵乱纷纷。几曾随逝水？岂必委芳尘？

万缕千丝终不改，任他随聚随分。韶华休笑本无根。好风凭借力，送我上青云。

关键是最后两句："好风凭借力，送我上青云。"多么豪情，如此向上！苏轼则是这样写："枝上柳绵吹又少。天涯何处无芳草。"虽饱含希望，却不免有些无奈。

还有便是，据《林下词谈》记载，子瞻在惠州，与朝云闲坐。时青女初至，落木萧萧，凄然有悲秋之意。命朝云把大白，唱"花褪残红青杏小"，朝云歌喉将啭，泪满衣襟。子瞻诘其故，答云："奴所不能歌是'枝上柳绵吹又少，天涯何处无芳草'也。"子瞻翻然大笑曰："是吾正悲秋，而汝又伤春矣。"遂罢。朝云不久抱疾而亡。子瞻终身不复听此词。

此案忽略不计，单说苏轼"平生功业"。初至黄州，苏轼寄居在黄冈东南的定慧院，写下了著名的《卜算子》：

缺月挂疏桐，漏断人初静。谁见幽人独往来，缥缈孤鸿影。

惊起却回头，有恨无人省。拣尽寒枝不肯栖，寂寞沙洲冷。

可见，苏轼初贬黄州时，是多么彷徨与痛苦，当然这也表达了他宁愿寂寞，也不愿与世俗合污的心境。后来他搬到了长江边，开垦荒地称之“东坡”，筑起房屋名叫“雪堂”，内心逐渐安定下来，写了一首《临江仙》：

夜饮东坡醒复醉，归来仿佛三更。家童鼻息已雷鸣。敲门都不应，倚杖听江声。

长恨此身非我有，何时忘却营营？夜阑风静縠纹平。小舟从此逝，江海寄余生。

这个时候，苏轼内心逐渐平静，慢慢将自己融化在无限的大自然中。就在同一年，他还写下了著名的《定风波》：

莫听穿林打叶声，何妨吟啸且徐行。竹杖芒鞋轻胜马，谁怕？一蓑烟雨任平生。

料峭春风吹酒醒，微冷，山头斜照却相迎。回首向来萧瑟处，归去，也无风雨也无晴。

于是，只要内心坦荡，处处都是好风景，处处都是好春光。此后再贬，57 岁时至惠州，苏轼依然“纵笔”：

白头萧散满霜风，小阁藤床寄病容。

报道先生春睡美，道人轻打五更钟。

据说此诗传至京城，把他的政敌气得要死——看来贬得还不够远！苏轼朋友遍天下，就像他自己说的，“吾上可陪玉皇大帝，下可以陪卑田院乞儿”“吾眼前见天下无一不好人”。他从朋友处汲取人生感悟，丰富自己的感怀。他的好朋友王巩因受“乌台诗案”牵连被贬南方，后两人在汴京重逢。苏轼对其侍女柔奴大为叹赏，于是诞生了这首《定风波》：

常羡人间琢玉郎，天应乞与点酥娘。尽道清歌传皓齿，风起，雪飞炎海变清凉。

万里归来颜愈少，微笑，笑时犹带岭梅香。试问岭南应不好，却道，此心安处是吾乡。

1100年宋徽宗下诏儋州，64岁的苏轼发舟渡海至廉州，一夜无眠，作《六月二十日夜渡海》一诗，其中有句“九死南荒吾不恨，兹游奇绝冠平生”。何等坦然，何等豪迈：虽然在南荒之地九死一生，历经磨难，但这只不过是一次漫长的旅行，也算饱览了人间奇绝的景色，这不也是平生难逢的快事吗？

这就是苏轼的赤子之心、赤诚之心！无论这个世界如何不尽人意，却总是能够以热爱、欢喜的态度，以热情、乐观的心情，来看世界、看他人。康震教授感言：他的身上拥有一种特别的气质、特别的趣味。就像辛弃疾所说：“我见青山多妩媚，料青山见我应如是。”其实，这就是一种人生态度，世界是丑恶还是美好并不重要，重要的是我看世界的态度是美好的！

五

人生如此，工作亦一定如此。或者说人生如此，工作方能如此。对人生的态度是一定体现在对待工作上的，而对待工作的态度反过来又强化了对人生的体验、对人生的感悟、对人生的态度。

说到这里，我又想起一位教育家对待他的教育工作的态度。这一次我们的跨度更大些，说一说2500年前的孔子。

《论语》开篇即说："学而时习之，不亦说乎？有朋自远方来，不亦乐乎？人不知而不愠，不亦君子乎？"

有学者研究(《孔子归来》,鲍鹏山著,新星出版社2017年版),这里的"朋"甚至更可以理解为"学生"。

司马迁在《孔子世家》中有这样记载："定公五年，鲁自大夫以下皆僭离于正道，故孔子不仕，退而修诗书礼乐，弟子弥众，至自远方，莫不受业焉。"

有那么多的学生自远方来，聚集在自己的门下，得天下英才而教之，于"不仕"的孔子而言，那是何等的快乐之事！

《庄子》一书中描述过这样一个令人羡慕、让人动容的场景："孔子游于缁帏之林，休坐乎杏坛之上，弟子读书，孔子弦歌鼓琴。"

在这里，孔子和弟子们无所忧虑，挥洒自如，畅谈人生。颜渊、季路侍。子曰："盍各言尔志？"子路曰："愿车马、衣轻裘，与朋友共，敝之而无憾。"颜渊曰："愿无伐善，无施劳。"子路曰："愿闻子之志。"子曰："老者安之，朋友信之，少者怀之。"

曾皙描绘的场景更加富有诗情画意："暮春者，春服既成，冠者五六人，童子六七人，浴乎沂，风乎舞雩，咏而归。”

曾皙是曾子的父亲，父子二人都是孔子的学生。“大学之道，在明明德，在亲民，在止于至善”，以及“格物、致知、诚意、正心、修身、齐家、治国、平天下”，这些大家耳熟能详、倒背如流的大名言，皆为曾子所书。

六

说到孔子的学生，实际记载有弟子三千，其中精通六艺者七十有二，而此之中颜回堪称孔门中最为出众者。鲁哀公曾经问孔子，你的弟子中谁最好学？孔子回答说：“有颜回者好学，不迁怒，不贰过。”可见颜回在孔子心中属于品学兼优、德才兼备，但他英年早逝，孔子为此“哭之恸”，且不停地说，“天丧予，天丧予”！

《论语》有言：“子曰：‘贤哉，回也！一箪食，一瓢饮，在陋巷，人不堪其忧，回也不改其乐。贤哉，回也！’”

对此，大家往往以为颜回出身寒门，一贫如洗，但据史书记载并非完全如此。颜回系鲁国贵族，有田有财、有书可读，还跨国娶亲、周游列国、开馆讲学，远没有如此不堪。可见孔子的本意并不是赞美颜回之贫，而是赞扬他对待贫穷的态度，以及由此引发的对人生的态度。

汉代韩婴所著《韩诗外传》中有如此记载，颜渊问于孔子曰："渊愿贫如富，贱如贵，无勇而威，与士交通，终身无患难，亦且可乎？"孔子曰："善哉回也！夫穷而如富，其知足而无欲也；贱而如贵，其让而有礼也；无勇而威，其恭敬而不失于人也；终身无患难，其择言而出之也。若回者，其圣乎！虽上古圣人，亦如此而已。"

可见，颜回深得孔子真传，不愧是孔子大弟子。孔子早就教之曰："饭疏食，饮水，曲肱而枕之，乐亦在其中矣。不义而富且贵，于我如浮云。"

宋代程颢、程颐兄弟向周敦颐求学圣人之道，周敦颐便让他们"寻颜子、仲尼乐处，所乐何事"，这便是世说"孔颜之乐""孔颜乐处"之来历。有学者专门著书一本，名即《孔颜乐道》（解真著，上海社会科学院出版社2019年版）。程颢后作《秋日偶成》一诗：

闲来无事不从容，睡觉东窗日已红。
万物静观皆自得，四时佳兴与人同。
道通天地有形外，思入风云变态中。
富贵不淫贫贱乐，男儿到此是豪雄。

七

孔子非常值得我们欣赏并学习，他不仅爱人、爱学、爱道，也爱艺术、爱生活、爱自然。

孔子是个音乐发烧友。孔子在齐闻《韶》，三月不知肉味，曰：“不图为乐之至于斯也。”孔子在鲁国听乐师演奏音乐，曰：“洋洋乎盈耳哉。”

孔子是个徒步登山家。《孟子》曰：“孔子登东山而小鲁，登泰山而小天下。”孔子自曰：“知者乐水，仁者乐山。知者动，仁者静。知者乐，仁者寿。”

孔子是个著名作曲家。《史记·孔子世家》这样描述，孔子晚年回鲁，整埋诗经 350 篇，“皆弦歌之”。

孔子是个动物保护者。《论语》告诉我们：“子钓而不纲，弋不射宿。”

孔子是个正宗美食家。《论语》说他“食不厌精，脍不厌细……色恶，不食。臭恶，不食。失饪，不食。不时，不食。割不止，不食。不得其酱，不食”。

孔子是个服饰美学家。你看他的搭配“缁衣，羔裘；素衣，麑裘；黄衣，狐裘”，“去丧，无所不佩”，“吉月，必朝服而朝”，

“齐，必有明衣，布。”

于是，孔子是个十足乐天派。一日，子路问于孔子曰：“君子亦有忧乎？”子曰：“无也。君子之修行也，其未得之，则乐其意，既得之，又乐其治，是以有终身之乐，无一日之忧。小人则不然，其未得也，患弗得之，既得之，又恐失之，是以有终身之忧，无一日之乐也。”

也正因如此，孔子说：“君子坦荡荡，小人长戚戚。”正是因为孔子有大爱，所以孔子很可爱。这从他语言之优美、文字之有趣、行事之可乐也略见一斑：

不义而富且贵，于我如浮云。

道不行，乘桴浮于海。

发愤忘食，乐以忘忧，不知老之将至云尔。

为政以德，譬如北辰，居其所而众星共之。

岁寒，然后知松柏之后凋也。

吾未见好德如好色者也。

子之武城，闻弦歌之声。夫子莞尔而笑，曰：“割鸡焉用牛刀？”

不曰“如之何，如之何”者，吾末如之何也已矣。

民之于仁也，甚于水火。水火，吾见蹈而死者矣，未见蹈仁而死者也。

有个故事这样说:“孺悲欲见孔子,孔子辞以疾。将命者出户,取瑟而歌,使之闻之。”

我常说,人这一辈子一定要好好读《论语》,这是可以一辈子读的书,或者说是可以读一辈子的书。

古人早说过,如程颐曰:“今人不会读书。如读《论语》,未读时是此等人,读了后又只是此等人,便是不曾读。”“读《论语》,有读了全然无事者;有读了后其中得一两句喜者;有读了后知好之者;有读了后直有不知手之舞之足之蹈之者。”“颐自十七八读《论语》,当时已晓文义。读之愈久,但觉意味深长。”

作为教育家的孔子,倡导的是“乐学”。子曰:“知之者不如好之者,好之者不如乐之者。”应当说,把学习当作人生的一件乐趣去享受,这是一种最美好的境界。王阳明有个学生,叫王艮,就写过《乐学歌》:

人心本自乐,自将私欲缚。
私欲一萌时,良知还自觉。
一觉便消除,人心依旧乐。
乐是乐此学,学是学此乐。

不乐不是学，不学不是乐。

乐便然后学，学便然后乐。

乐是学，学是乐。

於乎！

天下之乐，何如此学。

天下之学，何如此乐。

八

学习如此，工作亦然。在这里我们可以用“乐业”二字来表达。梁启超1922年8月写了一篇演讲稿——《敬业与乐业》（《饮冰室合集》，中华书局1989年版）。他说：

我这题目，是把《礼记》里头“敬业乐群”和《老子》里头“安其居，乐其业”那两句话，断章取义造出来的。我所说的是否与《礼记》《老子》原意相合，不必深求；但我确信“敬业乐业”四个字，是人类生活的不二法门。

他进一步说，“我老实告诉你一句话：‘凡职业都是有趣味的，只要你肯继续做下去，趣味自然会发生。’”

远在美国的朱棣文在哈佛演讲时给学生如此忠告：“当你开始生活的新阶段时，请跟随你的爱好。如果你没有爱好，就去找，找不到就不罢休。生命太短暂，所以不能空手走过，你必须对某样东西倾注你的深情。”

远在日本的稻盛和夫亦有此言：“要想度过一个充实的人生，只有两种选择，一种是从事自己喜欢的工作，另一种是让自己喜欢上工作。”

更早的时候苏格拉底也说：“快乐就是这样，它往往在你为着一个目标努力工作时，就突然地到来了。”

四者所言，可谓异曲同工。每年新人培训，我都给大家讲“新律师锦囊：论十大关系”，其中一大关系就是“我与职业”的关系。我总是给大家放映一张照片——埃菲尔铁塔上的油漆工。

著名摄影师马克·吕布 1953 年拍摄了一幅作品。图片上的油漆工，正在粉刷铁塔，他的造型就像是栖于塔间的舞者。有评论说：他享受着一项最简单的工作，却做得活色生香，充满意味，他平凡却浪漫，卑微却骄傲，朴素又深刻，热烈又恬静。热爱生活的人就是如此，在自己创造出的美的世界里尽情起舞。看着他，又不禁让人想起《虎口脱险》中那个极可爱的油漆匠来。

在《活法》(东方出版社2005年版)一书中，稻盛和夫还说到，工作是一种修行。“人哪里需要远离凡尘？工作场所就是修炼精神的最佳场所，工作本身就是一种修行。只要每天确实努力工作，培养崇高的人格，美好人生也将唾手可得。”

前面几位大家其实说的是乐业要历练于过程，而有时，乐业却源发自初心。源发自初心者，越挫越愤，由初心变成恒心；历练于过程者则反复琢磨，大浪淘沙，慢慢也走上不归路。因为喜欢，基于热爱，工作成为他人生无法分割、不能舍弃的一部分，这便是他的生命、他的使命、他的宿命。

今年有一本书很流行——《我心归处是敦煌：樊锦诗自述》（译林出版社2019年版）。樊锦诗被称为“敦煌的女儿”，56个春秋，她与风沙为伴，将敦煌文物保护和文化传承视为自己的使命和宿命，而这份坚守还在继续。

在这本书中，她回忆到：“现在想起来，我和敦煌的关系开始于年少时的一种美丽的幻想。我小时候曾在中学课本上读到过一篇关于莫高窟的课文。那篇课文说莫高窟是祖国西北的一颗明珠，有几百个洞窟，洞窟里面不仅有精美绝伦的彩塑，还有几万多平方米的壁画，是一座辉煌灿烂的艺术殿堂……敦煌是我少年时的一个梦想，我把它想得特别美妙。”

大学毕业实习时樊锦诗来到敦煌。她说：“我常常想为什么在被世人遗忘的沙漠里会产生如此辉煌的石窟艺术？为什么敦煌仿佛被遗弃在此长达几个世纪？这些由壁画和彩塑营造而成的佛国世界曾经是什么面目？在这里曾经发生过什么事情？在这个丝绸之路曾经的重镇，莫高窟担负着什么使命？那些金碧辉煌的壁画和彩塑，究竟是如何被创造出来的？那些精美绝伦的壁画是什么人画的？这些洞窟最初是谁建立的，以后又是怎样发展起来的？她又是怎样湮没在了历史的记忆中？……"

"莫高窟的所有种种，都在向我传递着一种强烈的信息，那就是敦煌的空间意义非同凡响，这里封存的是丝绸之路上东西方文化交流的奥秘，这里是一个独一无二的人类艺术和文化的宝库。也许，我倾注一生的时间，也未必能探寻到它的谜底。"

于是，对敦煌的爱，成了樊锦诗人生的全部，这种爱和内心的强大可以战胜一切困难。她说："每当苦闷和烦恼时，我都喜欢去第 158 窟看一看。第 158 窟内的佛床上，卧着莫高窟最大也是堪称最完美的释迦牟尼佛涅槃像。1200 多年来，始终从容不迫、宁静坦然地面对着朝圣者。佛陀周身安详，焕发出慈悲之美和超脱之乐。"

"……艺术家塑造的不是死去的佛陀，而是佛陀的安眠。佛在涅槃的境界中，远离生死的幻灭。佛没有死，佛不曾死，佛不会死。涅槃本就是超越生死，死亡对他已经没有了任何意义，也不再有任何威胁，他已经进入那个不生不死的境地。"

"如果此生找不到自己心灵安顿的地方，如果心灵一直在流放的路上，就犹如生活在漫漫长夜中。当下就是涅槃，当下就是佛国净土。明白了这一点，莫高窟岂不就是我的佛国，我此生的净土。心的力量真是无比强大！而心的强大，就在于正定，在于守一不移。”

3天前，我受全国律师协会委派到乌鲁木齐参加新疆建设兵团律师代表大会并慰问边疆少数民族律师。一路西飞，下望阴云笼罩，而将至河西走廊尽头却云开雾尽、通透万米，俯瞰之下顿觉大地光芒万丈，那便是莫高佛国净土之地吧！真可谓守一不移、心诚则灵！

九

2020年1月2日，上海律师协会举行“纪念律师制度恢复40周年”大会。80岁的傅玄杰律师登台接受主持人采访，精神矍铄，侃侃而谈。大家直呼：“革命人永远是年轻啊！”是的，这个职业，年轻着你的身体，年轻着你的精神，年轻着你的头脑，年轻着你的心态，年轻着你的一切。于是爱不释手，于是守一不移！

讲到律师，我一直说这是一份职业，这是一门专业，这是一项事业，这是一种行业，这是一类产业。从另外一个角度，我说这是一门科学，这是一个技术，这是一类艺术，这是一场竞技，这是一种修炼。其实理由不用多说，梁启超想当年全都给我们论证过：

“第一，因为凡一件职业，总有许多层累、曲折，倘能身入其中，看它变化、进展的状态，最为亲切有味。第二，因为每一职业之成就，离不了奋斗；一步一步的奋斗前去，从刻苦中将快乐的分量加增。第三，职业性质，常常要和同业的人比较骈进，好像赛球一般，因竞胜而得快感。第四，专心做一职业时，把许多游思、妄想杜绝了，省却无限闲烦闷。”

对律师职业而言，除了上述这些，我想再给它加一个高度，其实也不是我强加的，于今日之中国、于今日之律师，这已经是客观存在。那就是，这是一条道路，这是一个制度，这是一科理论，这是一种文化。

什么道路？法治中国道路，而法律服务是法治建设的重要内容，不可替代，不可或缺。什么制度？中国法律制度，而律师制度是法律制度的组成部分，保障人权、维护公正，正是这个制度的初心。什么理论？中国特色法学理论，作为一门科学的法学，其重要分支就是律师学、律师制度学。什么文化？社会主义法治文化，而以忠诚、为民、正义、明法、厚德为核心价值观的律师文化，正是其中的有机内容。

相信法律，从相信律师开始；信仰法律，从信仰律师起步。这也就是江平先生所说的“律师职业有两种作用，不仅是服务之道，而且是治国之道”；这也就是古仁人志士致力追求的“修身、齐家、治国、平天下”；这也就是中国知识分子为之奋斗一生的“立功、立言、立德”。于是乎，我辈有什么理由不尽力于此、不尽心于此、不尽情于此！

在《沉浮与枯荣》（法律出版社2010年版）一书的封二，印有江平先生的名言“只向真理低头”“我只坐在法律一边”“我所能做的是呐喊”“不说违心话，不做违心事”“我的中国梦就是法治天下”“如果来生再让我选择的话，我还是选择在大学当教授”。

其实江平先生还有许多名言，例如，在2014年12月20日“国浩法治论坛”上所讲的“律师职业的服务之道与治国之道”，“律师兴，则法治兴；法治兴，则国家兴”。似乎江平先生最喜爱的还是当教授、做老师，就像他自己在书中说的：“我不是一个真正意义上的法学家，我是一个法学教育家。”应该讲这是他的自谦之词。

大凡一个法学家，都是法学教育家。他的教导、教诲、教化，不仅是通过他在讲台上的讲课、论坛中的演讲，更重要的是透过他的思想、他的立言，传播、传承、传扬，超越课堂、飘出校园、流至社会，影响一代又一代的法律人，还有成千上万的老百姓。此乃大师也！

十

讲了大师，再说匠人。2019 年 11 月 15 日，吉林的第一场雪不约而至。根据全国律师行业党委“不忘初心，牢记使命”巡视指导工作安排，我来到了吉林省吉林市，来到了吉林市信访法律事务服务中心，再一次见到了著名的修保律师。修保是全国五一劳动奖章获得者，荣获“全国劳动模范”“全国法律援助先进个人”“全国维护职工权益杰出律师”“全国优秀律师”等称号，尤其值得一提的是，他首开律师依法参与信访工作之先河。

其实非常有戏剧性，修保本是一个上访户，还在中南海门口拦过彭真委员长的轿车。如果说一开始走上上访申冤之路，他只是抱着为亲属求公理讨公道的想法，那么后来他不再困囿于个人的感受，不再单单是求得一个结果，而是在追问一个又一个的为什么。怎样才能避免冤案错案反复发生？怎样才能让上访者依法申诉维权？怎样才能切实维护当事人的合法权益？这一个又一个的问号，改变了修保的人生轨迹，提升了修保的思想格局。于是 1988 年他考取了律师资格，继而成为一名执业律师。

修保送了我一本书，吉林省作家协会副主席邱苏滨所著《平民大律师》（时代文艺出版社 2018 年版）。此书开篇是“主人公的话”，修保如是说：

> 我偶尔也会想想自己到底图个什么，但每当看到那些愁眉苦脸来求得法律保护的平民百姓在我的义务咨询或代理后能笑着说声谢谢离开时，在节日和平时收到众多平民百姓发来的祝福短信及感恩电话时，当我走进人民大会堂接受荣誉奖项时，我都会感到很值得。回顾近 30 年的律师生涯，能为成千上万的平民百姓和当事人依法维权，特别是能与志同道合的同行们义务为涉法信访民众维权，让他们感受到社会的温暖和法律的公平正义，我觉得这应该是一个律师最大的人生价值！

当我离开吉林与他告别时，修保再三说这句话：“我今年已经 64 岁了，但还是要继续努力，乐此不疲啊！”其实这里还有一个不为人所知之事，修保年轻时的愿望是当好一个木匠。我与他在他农村亲戚家温暖的火炕上吃“杀猪菜”时，他指着炕梢的一排炕柜说：“这是我亲手打的！”

木匠乃真正的匠人，律师亦然。由木匠至律师，上海也有一位，就是朱树英律师。在上海律师协会“纪念律师制度恢复40 周年”大会上，朱树英作为首届东方大律师获“上海市律师行业发展贡献纪念奖”，同时又因承担国家相关部门一个又一个立法课题、在律师界一次又一次专业讲课，在首届上海律师行业履行社会责任主题宣传活动中获评“上海律师行业公益之星”，于是成为此次大会上唯一两次上台的领奖者。

2007 年在“东方大律师”颁奖典礼上，评委会送给他这样的颁奖词：“他不是建筑师，却为一系列著名的建筑夯下了不可撼动的坚实地基，筑起了不可逾越的坚固围墙。一枚枚建设功臣的勋章，佩戴在蓝天。建筑和房地产业崛起的风景线，留下了他勤勉的足迹。出身木匠的大律师，踏踏实实、一尺一寸地为这座城市的建设上梁立柱。他本身就是法治的一根合格的栋梁。”而他自己在答词中说：“律师其实就是一个建设者，在建设和谐社会的队伍里，好律师，更应该是一名优秀的建设者。”的确，朱树英律师是法治中国的建设者、奋斗者。建设着、年轻着，于是四零后的他（出生于 1949 年）看上去犹如五零后（49 岁的样子）；奋斗着、幸福着，于是他总是在阳光灿烂的日子里过着无比幸福的生活。

在那晚的颁奖典礼上，时任上海律师协会会长的我，代表主办方有这样一段致辞：“10 位东方大律师，其所从事的专业领域迥然不同，其办案风格也各有特点，但其中体现的目标价值与本质属性却殊途同归、一脉相承。在他们身上，我们看到了忠实客户、勤勉尽责的职业精神，我们看到了勤奋学习、精益求精的专业理念，我们看到了追求公正、维护法治的事业属性，我们看到了引领队伍、甘当楷模的榜样气质。这些都构成了东方大律师的精神内核，从而充实了上海律师的核心价值体系。”

“东方大律师”被人们称作“海派律师”的优秀代表。而其中，朱树英具有更多的“工匠型律师”的特质：目标明确，一以贯之；精益求精，一丝不苟；勤学苦练，不舍昼夜；坚守专业，创新突破；著书立说，传道授业；乐观向上，乐业敬业。

2018 年国浩的“读书会”专门邀请朱树英携其《律师演讲技能提升之道》、《律师写作技能提升之道》（知识产权出版社 2018 年版）两部专著来给青年律师座谈。我一直给我们的年轻律师们说，朱树英是我见到过的中国最勤奋的律师之一，他总是登飞机时一张白纸铺开，下飞机后一篇文章成就，可谓高效率，也可谓“高”水平（此“高”不仅仅是指在万米高空之上写成）。

十一

正是敬业与乐业，使律师群体中有普通与优秀之别、优秀与杰出之分、杰出与卓越之异，也使律师工作成为一个始终努力、永续学习、终身奋斗的专业职业。

喜欢这份职业，就一定很执着，就一定耐得住。冯唐的《成事：冯唐品读曾国藩嘉言钞》（天津人民出版社 2019 年版）一书摘录并解读了曾国藩系列名言，其中有言即曰：“耐冷耐苦，耐劳耐闲。”“若遇棘手之际，请从耐烦二字痛下功夫。”“坚其志，苦其心，勤其力，事无大小，必有所成。”

喜欢这份职业，就一定不抛弃不放弃，不必然在乎结果如何，而必定在意过程本身。犹如鲁迅先生所言：“我每看运动会时常常这样想，优胜者固然可敬，但那虽然落后而仍非跑至终点不止的竞技者，和见了这样的竞技者而肃然不笑的看客，乃正是中国将来的脊梁。”

喜欢这份职业，就一定不满足于现状，从而不断向上、持续进取。鲁迅先生讲：“不满是向上的车轮，能够载着不自满的人类，向人道前进。”

喜欢这份职业，就一定会去创新、去闯荡、去杀开一条血路。亦如鲁迅先生所言：“什么是路，就是从没路的地方践踏出来的，从只有荆棘的地方开辟出来的。”

喜欢这份职业，就一定很用心、很专心、很走心。这里的心，其实是心智。像曾国藩所说：“心常用则活，不用则窒，如泉在地，不凿汲则不得甘醴，如玉在璞，不切磋则不成令器。”

喜欢这份职业，就一定不计回报，只要“我愿意”。曾国藩说过，“天下事一一责报，则必有大失望之时”“莫问收获，但问耕耘”。也像孔子说自己：“富而可求也，虽执鞭之士，吾亦为之，如不可求，从吾所好。”

喜欢这份职业，就一定有大思维、大格局，也就不仅志于技，而更应志于道。孔子言：“吾十有五而志于学。”这里的“学”，不是一般的学问，而应该是“大学”。而“大学之道，在明明德，在亲民，在止于至善”。可见，“大学”就是大人之学、君子之学，不是培养人的专业技术和技能，更是培养人的高贵品质和清明气质，是养成大眼光、大境界、大胸襟、大志向。也正因为如此，孔子告诫学生“女为君子儒，无为小人儒”，“君子不器”；而要求自己“学而不厌，诲人不倦，不知老之将至云尔”，“朝闻道，夕死可矣。”

十二

全面推进依法治国、建设法治中国，为我们爱之、乐之、专之提供了大背景、大时代。而我们自己这个组织，更应该为奉献于之的青年人，提供更好的小氛围、小环境。这是组织的职责与使命，更是组织的品质与价值。

国浩是一个大平台。这是律师作为一个个体执业的平台，更是律师作为一个群体合作的平台；这是一个机构为律师执业提供服务的平台，更是一个组织为律师执业履行管理的平台。

国浩是一个大舞台。在这个舞台之上，在聚光灯之下，每一名律师就是主角，都有出彩的机会；这是一个秀场，每一名律师都能身处C位；这是一个赛场，每一名律师都能争先，不断打破自己的记录，创造前所未有的佳绩。

国浩是一个大学校。如孔子般既“有教无类”又“因才施教”。在这里，新来者有集训团，年轻人有青训营，接班人有培训课，“走出去”有涉外班，管理者有商学院。更重要的是，新人有老师傅，三人行必有其师，每个人皆有榜样。

国浩是一个大家庭。这是每一名国浩人的精神家园，在这里，你我是同事，彼此乃亲人；志同道合，和睦相处，风雨同舟，共济前行。外面地冻天寒，家中温暖如春。

国浩是一个大熔炉。“钢铁是怎样炼成的？”千锤百炼，淬炼成金！只想着赚钱者、赚快钱者、独赚钱者，勿进来；只想着清闲者、闲而论道者、指手划脚者，不欢迎；只想着自我者、唯我独尊、自命不凡者，待不住。个求独行者快，但谋众行者远。鲁迅先生有言：“在行进时，也时时有人退伍，有人落荒，有人颓唐，有人叛变，然而只要无碍于进行，则愈到后来，这队伍也就愈成为纯粹、精锐的队伍了。”

大家都在学习党的十九届四中全会决定。该决定说，“我国国家制度和国家治理体系具有多方面的显著优势”，其中主要是 13 个“坚持”。这些“显著优势”，是“我们坚定中国特色社会主义道路自信、理论自信、制度自信、文化自信的基本依据”。

其实，作为超级大国的美国，也在研究自己的优势所在。美国历史学家拉塞尔·柯克有一本书叫作《美国秩序的根基》（江苏凤凰文艺出版社 2018 年版）这样说：从西方文明 3000 年历史中萃取出来的美国的“成功之道”，似乎可以概括如下，宗教信念派生出有秩序的自由观，有秩序的自由观派生出了自由市场和有限政府的制度安排，自由市场和有限政府的制度安排则为美国经济、社会和个人活力的发挥提供了尽可能多的保障。

那么国浩作为一个组织、一个机构，其制度和治理体系的“显著优势”又是什么呢？我想，应该在“定位与愿景”“结构与体制”“制度与规则”“人才与队伍”“风格与文化”等至少五大方面十个主题词上，这也是国浩人的道路自信、理论自信、制度自信、文化自信。

十三

我们说“不忘初心，牢记使命”。国浩的初心是什么？使命又是什么？国浩作为一家律师事务所，具有其初心与使命上的职业共性，如维护当事人的合法权益、维护法律的正确实施、维护社会的公平正义；国浩作为一个服务性机构，具有其初心与使命上的组织共性，如为客户提供优质服务、对员工负责并履行社会责任。国浩之所以成为国浩，更具有其初心与使命上的自身特性。

2019年夏季新人培训班上，我给大家讲述了张涌涛的故事、于宁的故事、贾勇的故事：作为“创始人”之“勇者不惧”，作为“引领者”之“仁者不忧”，作为“老黄牛”之“知者不惑”。我曾经分别于2015年11月、2016年7月、2018年9月含泪写下三篇文章——《我们为什么要纪念张涌涛》《“天下归仁”——怀念于宁会长》《怀念贾勇先生》。

张涌涛律师的魂力在哪里？从做人的角度，那种坦白的风格，率性、率真、率直；从律师的角度，那种坦诚的品质，诚实、诚信、诚恳；从行业管理者的角度，那种坦荡的胸怀，公心、公正、公益。

执着的张涌涛。执着源于热爱，热爱发自信念。于是他总是那么进取，“较劲”不服输，“愈挫却愈勇”。

创新的张涌涛。创办定位于规模化、规范化、专业化、国际化发展的国浩集团，创新中国律师事务所做大、做强、做优之路。一直在路上，不停歇，不止步，直至轰然倒下、溘然离世。

专业的张涌涛。关注自己的专业，敬畏自己的专业，把追求专业当成自己的习惯，并使这种习惯成为自己的风格。不仅法律服务上专业，才华横溢，而且“外在形象”上同样专业，时尚、潮流，被许多人称为“最像律师的律师”。

率真的张涌涛。真实、真诚，讲真话、办实事。正因如此，当然容易“得罪人”，但大家公认其没有阴谋，只有阳谋，出于公心，大气仗义，爱憎分明，嫉恶如仇。而今回头想来，更觉其难能可贵、情谊无价。

奉献的张涌涛。毕生奉献于国浩、奉献于律师行业、奉献于自己钟爱的法律事业，如大家所言，他是一个“律师社会活动家”“把行业的事当自己的事”，并尽力与倾心。

我一直说，于宁会长是个“大写的人”，他的“初心”又是什么呢?

是对党忠诚！《于宁同志生平》的第一句话便是：“中国共产党的优秀党员……”忠诚于党，在他工作的每一个方面，在他生活的每一个时刻，在他做人的每一个细节。

是法治信仰！北大法律系科班出身，又攻读北大法学硕士，这些无疑为于会长传下法治的基因，种下正义的种子。法治与正义，铭刻于他的心中，流淌在他的血里。

是家国情怀！出身名门，又与名门之后喜结连理；耳濡民主、目染科学，沦肌法律、浃髓独立，修身齐家治国平天下，造就了于会长的精神世界。

是严实作风！习近平总书记说，推进作风建设要“既严以修身、严以用权、严以律己，又谋事要实、创业要实、做人要实”。[1]于宁会长堪称严实典范：党性修养强，道德境界高；心存敬畏，慎独慎微；脚踏实地，真抓实干；敢于担当，勇于面对；忠诚老实、襟怀坦白。

是宽厚风尚！于宁会长为人宽厚，与人为善，对待律师同仁总是面带微笑，令人如沐春风；他总是不遗余力地为一线律师站台，对年轻律师点赞，尽显领导风采、长者风范。

而贾勇院长，他是我们的老黄牛！

老黄牛是乐于奉献的，不讲条件，不计得失，不论索取，唯求贡献。就像鲁迅先生讲的，吃进去的是草，挤出来的却是奶……

老黄牛是任劳任怨的，一心一意，精致耕耘，从不怨天尤人，始终低着头，永续尽其心。恪尽职守，循环往复；兢兢业业，尽心竭力。

老黄牛是甘于寂寞的，总是默默地，不论头顶烈日，还是披星戴月。不管作出了多大的贡献，当聚光灯照来的时候，却

1 《严以修身　严以用权　严以律己　谋事要实　创业要实　做人要实》，载新华社，2014 年 3 月 10 日。

还是默默地躲藏在阴影里。

老黄牛是心地仁慈的，“怡怡如也”，总是吃最多的苦，一直走最难的路，却不去麻烦别人，而是把困难留给自己，忍着，扛着。

老黄牛是爱憎分明的，虽温和无争，却也是外柔内刚，心里自有一杆秤，关键时刻坚持原则，尽显刚烈与倔强的那一面。

老黄牛是技艺精湛的，心无旁骛，可谓“能工巧匠”“大国工匠”，心好活儿也好，或者说活儿好心更好，堪称“德艺双馨”。

老黄牛是热爱生活的，乐山又乐水，行路且阅人，奉献着并快乐着。青山绿水间不经意的仰天长啸，却总是奏出人世间乃至天籁里最美的乐章。

在国浩身上，凝结了太多的涌涛气质、于宁精神、贾勇风格，而所有这一切构成了国浩的担当之根、情怀之源、抱负之本。这就是国浩的初心，这就是国浩的品格，这就是国浩的品牌，这就是国浩的文化，这就是国浩！

十四

就像十九届四中全会决定中国共产党要“建立不忘初心、牢记使命的制度”一样，我们也要建立不忘初心、牢记使命的制度。

——我们要纪念张涌涛、于宁和贾勇，尤其是我们的年轻人，要走进他们的精神世界，感悟他们的精神境界，传承他们的精神内核。

——我们要认真学习、切实贯彻国浩的规则体系和治理规范。制度体现的是国浩的本质，规则反映的是国浩的内涵。制度与规则是长期形成的，并且是管长远的。国浩外在的品牌价值正是通过这些内在的制度与规则来体现与彰显的。

——我们要发挥改革红利和体制优势，做强集团的管理与服务功能，发挥发展研究院、律师学院、品牌运营中心、风控中心、信息管理中心等集团职能部门作为国浩大平台之四梁八柱的价值。

——我们要强化一体运作、共同发展。全体国浩人、全球办公室，一家人、一家亲、一辈子、一生情。团结是生命线，要紧紧地拧在一起，你中有我，我中有你，谁也离不开谁，任凭风吹雨打也不能断；相互尊重、相互包容、相互欣赏、相互学习、相互帮助，像石榴籽一样紧紧抱在一起。

——我们要做到坚守初心与创新改革融合发展，务必三省吾身、自我完善、不断改进、持续优化，绝不可狂妄自大、自以为是、故步自封、抱残守缺。

——我们要进一步完善统一的文化建设体系，弘扬专业、责任、融合、奉献、卓越等核心价值观，增强爱“国”主义教育，爱国浩、爱律师、爱法治、爱祖国。

去年有一本书《红天鹅：中国独特的治理和制度创新》（中信出版社 2018 年版），作者是德国人韩博天（Sebastian Heilmann）。本书导言的题目就是“中国决策过程与政治体制的韧性”。他说：“中国犹如一只突然出现的‘红天鹅’，对政治学研究提出了前所未有的挑战。作为一个快速发展并具有国际竞争力的经济体，中国是一个不同寻常不可预测的实例，它有着灵活坚韧的国家治理体系，不但对全球政治经济发展具有巨大的影响力，而且对国家发展模式的讨论也意义重大，中国的发展轨迹颠覆了我们的常识。纳西姆·塔勒布曾把那些挑战传统认知的事件称之为‘黑天鹅’，本书则把中国独特的国家治理方式视为红色的天鹅，通过剖析这个‘红天鹅’，我们得以反思比较这种传统的理念和模式。”

美国著名诗人爱伦·坡曾经写道：“光荣属于希腊，伟大属于罗马。”不过，希腊的荣耀现在只能到残垣断壁中去寻找，罗马的伟业也早已烟消云散。光荣而伟大的中华民族如何基业长青？如何屹立于世界民族之林？十九届四中全会对此作出了铿锵有力的回答：

> 中国特色社会主义制度和国家治理体系是以马克思主义为指导、植根中国大地、具有深厚中华文化根基、深得人民拥护的制度和治理体系，是具有强大生命力和巨大优越性的制度和治理体系，是能够持续推动拥有近十四亿人口大国进步和发展、确保拥有五千多年文明史的中华民族实现“两个一百年”奋斗目标进而实现伟大复兴的制度和治理体系。

这就是中国的红天鹅！同样地，国浩的发展，也是要造就体制和制度的红天鹅，这是我们应对灰犀牛，防范黑天鹅的必要之策，重要之举。

十五

的确，与“太难了”的过去的一年相比，未来的一年也一定是相当的“不容易”。

得到 App 创始人罗振宇在 2019-2020 年“时间的朋友”跨年演讲中，提到曾鸣教授说：“容易赚的钱肯定是没了，往后大家都得做更辛苦的事。”曾鸣教授还有进一步的解释：“你别以为到下沉市场就算更辛苦了，也别以为找细分需求就算更辛苦了，这都不算。真正的机会是，改造每一个值得被重构的传统产业，这才是一件具备创造力的‘苦差事’。中国经济有冷有热，不是个总体上的好坏问题，而是一个干什么事和怎么干的问题。肯干苦差事就有机会，只想挣容易的钱，就没机会。”

跨年演讲还讲了一个故事：投资人张颖连拉带拽动员创业者去看一部纪录片——《徒手攀岩》，其实他是想告诉这个时代的创业者，徒手攀岩的过程不是克服困难，而是习惯困难。另外一层意思就是，中国经济到了一个节点，就是从一个模式要转换到另一个模式，罗振宇称为，从电梯模式切换为攀岩模式。所谓电梯指的就是，那些稳定的、确切的通道。而攀岩模式则是说，下一步往哪里爬，每一步都在考验我们的创造力和选择能力。

同样，“精英律师”们的未来日子也是“不容易”的，远不如电视剧里那般风光。律师的生存环境并不乐观，律师的执业环境尚且严峻。例如，不规范的税收“攻略”还是悬在许多律师头上的一把剑，律师收费每小时10万元也是个神话或者笑话，律师“会见难”颇有点卷土重来之势，偌大的法庭有时候竟容不下辩护人的一张座位（律师被赶出法庭的情况时有发生），作为代理人的律师怎么变成了同案犯，不少冤假错案的纠正是因为“亡者归来”“真凶再现”；还有，完美的司法政策怎样落地切实施行，对法官而言“我的地盘我做主”“我的案子我负责”如何完善；重要的是，律师制度创新还有很多硬骨头要啃，司法体制改革进入深水区举步更艰，法治中国建设仍需快马再加鞭。

但也正是此时此刻，正是此地此处，正是此情此景，中国律师方显英雄本色，方能大显身手，方可创造伟业。这两年有颜值、有能力、有气质、有本事的年轻人，做律师的越来越多了！如同罗振宇的分析：“转干保险的基本上就两种情况：要么走投无路，要么身怀绝技。这两年，身怀绝技的人，改行干保险的，越来越多了。”对这样的年轻人，组织应该做什么，管理者又应该做什么？

肯尼迪总统在就职演说中说过一句不朽的名言：“不要问你的国家能为你做些什么，而要问你能为你的国家做些什么！”

著名经济学家弗里德曼却以如炬慧眼洞见了这位明星总统话语中的问题，从而把它修正为这样的意思表达：“我和我的同胞们能通过政府做些什么。”更进一步说，就是政府可以为人民所用，才是政府得以存在的合法基础。这个观点在学者熊培云所著《重新发现社会》（新星出版社 2011 年第 2 版）一书的“上帝为什么不亲自传教”这篇文章中有全面阐述。

因此，作为一个组织，作为组织的管理者，必须为这个组织中的人，尤其是年轻人，创造自由发挥的机会，搭建茁壮成长的平台。对此组织中的人，尤其是年轻人，则要成为罗振宇演讲中所说的“做事的人”。什么叫“做事的人”？“不是置身事外，指点江山，而是躬身入局，把自己放进去，把自己变成解决问题的关键变量。”

北京大学国家发展研究院陈春花教授，在她的《春暖花开》微信公众号上发表新年献词《2020 涅槃时刻》，描绘了一个世界纪录的诞生。2019 年 10 月 12 日下午，埃鲁德·基普乔格在奥地利首都维也纳的普拉特公园，以惊世骇俗的速度和耐力，耗时 1 小时 59 分 40 秒，跑完了 42.195 公里的全程马拉松。他成为地球上第一个全程马拉松跑进两小时的人。

这是他个人的纪录，也是全人类的纪录，陈教授更感兴趣的却是：这样一个奇迹般的纪录，是由基普乔格身旁的“破风”团队一起创造的，一共 41 位陪跑员，都是马拉松世界冠军。他们分为 6 组，每次有 5 人在基普乔格身前组成 V 字形，另有 2 人在基普乔格身后的左右两边。按照实验室的测试，这是最佳防风阵型，配速员会形成一道挡风屏障，有利于挑战者创造好成绩。

教授说，她分享这个案例，是想表明，即便是人类极限的突破，也必须是强个体与其他成员协同共生的结果。今天，没有谁可以独立创造价值。

几乎是同时，罗振宇在跨年演讲中也说：“人和人的连接，正在决定社会财富的创造、分配和转移。”“一个人的财富基本盘，有两个组成部分：第一，你自己的本事；第二，你和其他人连接的本事。而后者是前者的放大器。”

十六

2018 年世界流行文学界失去了金大侠，2019 年中国现代诗歌界走失了流沙河。世间对二人的评价都少不了两个字，“好玩”。或许正因为如此，两个人均属高寿，金庸活到 94 岁，流沙河寿命 88 岁。

《三联生活周刊》在纪念流沙河的一篇文章中这样写道：那个好玩的诗人、学者流沙河，离开了我们。但正如他喜爱的现代诗人戴望舒所写的诗句那样：“一切美好的东西永不消逝，它们冰一样地凝结，而有一天花一样地开放。”

流沙河是个诗人，我倒认为他更是一个学者。他的《含笑录》（海南出版社 2007 年版）中有篇文章《四面看庄子》，说了一段极富哲理的话。

《庄子》文章太漂亮了，《红楼梦》中妙玉都晓得“文章是庄子的好”，所以《庄子》享誉文坛，得以不朽。庄子的为人，概言之，四句可以说透。一曰立场，站在环中。二曰方法，信奉无为。三曰理想，追慕泽雉。四曰修养，谨守心斋。其中，“心斋”，是指心灵的大扫除。心灵塞满种种成见、种种欲望、种种俗情，便昏暗了，这和房间塞满家具，室内光线便昏暗了，道理一样。家具搬走了，房间腾空了，室内就亮了，这便是庄子“虚室生白”之说。所谓道德修养，绝不是叫你往脑袋里塞，越塞越满，而是叫你往外扫，越扫越净。心斋须用减法，修养并不麻烦。

于是我在想，整整一年，大家或收获满满，或烦恼多多，或喜忧参半，或五味杂陈，而此岁末时刻，更应清除、总结，反思、提炼，回忆、记忆。

“秦朔朋友圈”里有篇文章这样说：诺贝尔奖得主丹尼尔·卡尼曼做过一个关于记忆和经历的演讲，人的一生大概有6亿个瞬间，这是一个人实实在在的经历，构成其真正的人生。但这些片刻大部分被记忆忽略了，因为从人类进化的角度，大脑容量有限，人会更倾向记住风光无限的高点、从天而降的横祸、意料之外的变化，以及最终的结局。最终，人的一生是记忆在讲故事，记忆在做决定，记忆取决于人们对自己的生活有多满意和喜欢，而并不是人们实际上真正经历的快乐。因此，感觉到快乐和真正活得好是两码事。或者这样讲，是我们看待事物的方式，而不是事物本身如何，决定着一切。

在电影《至暗时刻》中，丘吉尔说过一句名言：“成功不是终点，失败也并非末日，最重要的是继续前进的勇气。”

今天说了这么多，其实就是两个字“热爱”！热爱，就一定会拥有美好的人生，就一定能鼓足继续前进的勇气。

新年第一天，国浩上海办公室发布了一个小视频，让人动容、令人动心，催人奋进、促人前行！

20年前，朴树为即将到来的千禧年写了一首歌，名叫《New Boy》。歌里唱到："我看见到处是阳光，快乐在城市上空飘扬，新世界来得像梦一样，让我暖洋洋……"

20年过去了，时间又是什么呢？让我们听听美国诗人兼牧师凡·戴克（Van Dyke）的Time Is：

Time is

Too Slow for those who Wait

Too Swift for those who Fear

Too Long for those who Grieve

Too Short for those who Rejoice

But for those who Love

Time is eternity

时间就是

对那些等待的人来说太慢

对那些恐惧的人来说太快

对那些悲伤的人来说太长

对那些欢乐的人来说太短

但对于那些付出爱和被爱的人来说

时间无是（时间就是永恒）

（这是作者 2020 年 1 月 12 日在国浩上海年会上的讲话）

02

我们的凝聚之道

去年年会余音尚未散尽，今年年会已经粉墨登场。于我而言，这一年短如准备两篇年会讲话的间隙。去年这个时候，在零下二十多度的乌鲁木齐，在门口就是刀郎歌中唱到的 2 路公共汽车停靠站的八楼宾馆，准备年会发言稿的情形还历历在目。

几乎所有人都说，2018 年是不平凡的一年。的确，令人措手不及的“黑天鹅”扑面而来，身形肥硕的“灰犀牛”横冲直撞。“大趋势”轰然前行，“小趋势”择机迸发。毛主席早就有先见之明，“乱云飞渡”“风吹浪打”。

我们每一个人，都无法“两耳不闻窗外事，一心只读圣贤书”。在地球村中，人类命运共同体，万物互联，休戚与共，谁也不能独善其身。

不过还是习近平总书记说得好：“我们过得很充实、走得很坚定。”[1]正可谓，“乱云飞渡仍从容”“不管风吹浪打，胜似闲庭信步”。怎么充实、坚定？如何从容、信步？其实，要的是定力！

记得去年的年会上，我就是从灰犀牛说起，谈到在这个不确定的时代应有的定力。

说到坚定、谈到定力，是一定要以力量、重量、能量为基础的，否则何来踏石留印？何能抓铁有痕？

对一个组织而言，这种定力需要的是上上下下的共识，左左右右的协同，里里外外的渗透；需要的是这个组织本身的号召力和组织力；需要的是这个组织内在的凝聚力和外在的战斗力！

每一个辞旧迎新之际大家说的最多的是当下的寒冷、未来的不确定性，于是都在说，“抱团取暖”。去年年底中央经济工作会议明确了要坚持“稳中求进”的工作总基调。而铁板一块才稳，底盘厚重才稳。

说到这儿，大家应该明白，这正是今天我发言的核心词——

1 《国家主席习近平发表了二〇一九年新年贺词》，载新华社，2018年12月31日。

凝聚。这也是今天我们年会的主题词——“凝聚：凝心追梦，聚力奔跑！”

一

凝聚是什么？“凝聚”两个字，大家很熟悉，但对一个组织而言，它到底意味着什么呢？拿我们自己不平凡的2018年来说吧。

是国浩20周年庆典时坚守240个月以上的老人们手中奖盘的熠熠之光，也是优秀的后来人获奖感言的字字铿锵。

是惊悉同事意外时，管理者二话没说千里飞赴日本的背影，还有告别仪式上大家眼中的泪水，逝去的伤痛更让生者懂得彼此在一起的生命意义与生活沧桑。

是忽闻同事有难时，我们的组织坚信良知从而面不改色、千方百计不懈应对的坚定，还有团队成员的众志成城、相助守望。

是篮球场上国浩美女啦啦队的舞姿与节奏，她们与小伙子们顽强拼搏为国浩荣誉而战的英雄主义相得益彰。

是风控中心的年轻人与战斗在第一线的律师们一样，都在为维护国浩的专业形象和市场声誉挑灯夜战，项目核查时办公室闪烁的弱弱灯光。

是泰山论坛上律师们纵论民刑业务、驰骋内外市场的舌剑唇枪，彰显着国浩人打造专业队伍、塑造过硬本领的雄心壮志更加坚强。

是专业求助时，不厌其烦地娓娓道来；是培训分享时，干货硬货的和盘托出；是修改文件时，处女座般的字斟句酌；是挥洒法庭时，教科书式的守攻弛张。

是合伙人会议上的交“火”与交锋，而一转眼组成联合舰队在客户面前的交心与交融，胜似“上阵父子兵、打仗亲兄弟”的战场。

是飞奔异地晚点数小时后于凌晨到达目的地时，给同伴报安的那一个字“落”或者“妥”，抑或项目途中顶风冒雪、不远千里、行进在崎岖路上时，手机传来同事关切的“叮咚”声响。

是每个月小食堂精美的生日蛋糕令人动心又可口，还有欢乐的Happy Birthday to You响起时身后助兴者的手舞足蹈正忙。

是不仅仅在惊涛骇浪、同仇敌忾之际方显本色，而且还是体现在工作与生活中的每一个平常瞬间，正因为有如此这般的平平淡淡，才会在大风大浪中同舟共济、同心同德的平安久长。

如“子”曰：德不孤，必有邻。

如“易”说：方以类聚，物以群分。

如“乾”言：同声相应，同气相求。

凝聚，是一种行为，也是一种状态；是一种心理活动，也是一种社会需求；是人之自然，也是群体属性。

凝聚不必是空间上的亲密无间，也不必是时间上的分秒厮守。它不仅是物理上的结构，更应有化学上的反应。是有距与无间的结合，是有时与无刻的统一，是优化的结构，是催化的反应。它强调的是心的相通，讲究的是志的相同，践行的是道的相交，实现的是情的相融。

言及此,我们才真正读懂王勃的“海内存知己 ,天涯若比邻”;张九龄的“海上生明月 ，天涯共此时”；许浑的“唯应待明月，千里与君同”；苏东坡的“但愿人长久 ，千里共婵娟” 。

二

为什么要凝聚？因为我们每个人都有弱点，每个单体都很孤独。

20 世纪 80 年代初，大学校园最流行的一本书可能就是戴尔·卡耐基的《人性的弱点》。至今我还记得作者对人的内心的分析，即每一个正规的人都有三个“我”。第一个是“动物的我”。人到世上并不是腾云驾雾的天使，他由一个自私自利的寄生小动物进化而来。第二个是“社会的我”。因此不能不合群，要组织社会，驯化“动物的我”，方能使人类有秩序地生活，继续不绝地存在。第三个是“个人的我”。这是心灵的产物，我们之中的每一个人所得到的生活经验各不相同，所以对于安全和快乐的观念也各有自己的特性。

哲学家常说，孤独是人的一种境界。你我诸多凡人也经常把这句话挂在嘴边，其实并不尽然。

历史学者杨念群写过一本书——《生活在哪个朝代最郁闷》，其中有一篇文章，专门谈到了孤独。他写道：“古往今来真正孤独的心绪和感受都是令人难以忍受的，凡事叫嚷着要承受孤独的人往往要为之付出惨重的代价。”美国学者姜斐德在其所著《宋代诗画中的政治隐情》中披露，宋代诗词和绘画中包含着大量的隐喻，这些隐喻的表达大多以孤独的面目出现，却最终指向心目中向往的朝廷，希望有朝一日得以回归政治轨道而有所作为。范仲淹那句“居庙堂之高则忧其民，处江湖之远则忧其君”于是就有了新解。而早一些时候杜甫诗句中频繁出现的“鸿雁”，也常常表达孤独的寓意，实际上飞行的鸿雁代表朝廷的秩序，“平沙落雁”则预示着被朝廷抛弃的命运。而其“伤弓流落羽，行断不堪闻”的诗句，则表现出流落江湖、远离朝廷时的内心焦虑。苏东坡被流放南方时，也有“雁没失东岭”的句子，无疑也是在申诉蒙冤不平的心绪。

为什么要凝聚？因为我们每个人都是弱小的，时时事事总是能力不及。

《吕氏春秋·恃君览》中有一段话："凡人之性，爪牙不足以自守卫，肌肤不足以捍寒暑，筋骨不足以从利辟害，勇敢不足以却猛禁悍。然且犹裁万物，制禽兽，服狡虫，寒暑燥湿弗能害，不唯先有其备，而以群聚邪。群之可聚也，相与利之也。利之出於群也，君道立也。故君道立则利出於群，而人备可完矣！"

"群之可聚也，相与利之也。"正是如此，一语中的！

从我们做法律服务工作的角度说，就每一个律师而言，知识有限，技能不全，不能包医百病、包打天下。我们不可能做到上知天文下知地理，贯通古今学遍东西。我们有限的知识和能力，决定了我们提供服务的供给端相对于强大的需求端而言，是弱小的、不全面的、不足够的。

此前刚刚结束的中央政法工作会议强调，要"尽快建成覆盖全业务、全时空的法律服务网络"。作为一家具有影响力的律师事务所，我们义不容辞，必须有所作为、作出贡献。提升我们作为一个专业服务机构供给能力的最佳选择，就是让每一个体服务的精专与整体服务的全面相融合，这就需要我们每一个体凝聚成强大而全面的整体，使个体的专业有序镶嵌入组织整体的架构中，于是，组织便富有影响力与战斗力。在此语境下，每个人以组织为荣耀，组织因每个人而强大。

去年发生的孟晚舟事件，让我们对华为有了更深刻的认识。任正非说的很多话，细细品味，是非常有道理的。他倡导“胜则举杯相庆，败则拼死相救”的精神，进而说，求助没什么不光彩的，做不好事才不光彩，积极主动有效地进行求助，是调动资源、利用资源、实现目标的动力。积极有效无私的支援，是低成本实现目标的最优管理。使资源充分发挥效能，需要文化氛围来启发人们共同奋斗的信念。

小时候看《三国演义》《水浒传》时，同伴们总是争辩书中好汉谁的武艺最高强。以本人之见，《三国演义》中首推还是吕布，其中虎牢关“三英战吕布”可谓经典之战，也正是刘、关、张凝心协力、聚为一体，方使吕布不敢怠慢，虚晃一戟，落败而去。

去成都武侯祠，总是要去一下隔壁的三义庙。庙里供奉有刘备、关羽、张飞，两侧有楹联曰：“在三在，亡三亡，而今享祀犹同伴；合义合，战义战，自昔铭勋匪异人。”令人叹服！另有一联道：“异姓胜同胞，应不数曹氏昆季；丹心昭白日，能再延汉室河山。”更具意味！

为什么要凝聚？因为我们要走的路，很远、很长。

独行者快，共行者远。一方面，道路本身，艰辛异常，如杨万里言，“正入万山圈子里，一山放过一山拦”。另一方面，行路的环境具有极大的不确定性，像苏东坡说，“横看成岭侧成峰，远近高低各不同”。而且还有，挑战一个接着一个，如铁人三项比赛，先是1.5公里游泳，然后就是40公里自行车赛，之后还有10公里长跑，一项比赛的终点就是下一场比赛的起点。更重要的在于，我们应对危局和战胜困难的能力是有限的。“三人行必有我师焉，择其善者而从之，其不善者而改之。”行路的过程，是学习的过程，也是成长的过程。不断校正前进的方向，始终完善行走的能力，于是我们的目标就会更明确，我们行路的步子就会更坚定。

《瓦尔登湖》是一本畅销书，作者写道：“如果一个人与他的同伴步伐不合，那也许是听到了一个不同的鼓声，不管这是怎样的鼓声，来自多么遥远的地方，它都会随着音乐声前行。”

学者徐贲在他的《听良心的鼓声能走多远》中，对亨利·梭罗这句话有一个解读。他说梭罗是一个听自己良心鼓声行进的人，是一个个人主义者，是一个寂寞的人，他的书打动一些与他一样在心底深处寂寞的读者，但他的良心鼓声却并不能唤起他们与他一起前行。连他的一个朋友都说：“我爱亨利，但无法喜欢他，我绝不会想到挽着他的手臂，正如我绝不会想去挽着一棵榆树的树枝一样。”

徐贲继续说：“我们要倾听的是另一种良心鼓声，一种能让我们与他人同行的良心鼓声，这个鼓声来自每个人的内心，但它并不孤独寂寞，因为我们能够相互听到来自他人的心灵回响。回声一旦响起，你会感觉到这是朝你而来。这个回声来自人们在社会中为共同的善而不断进行的心智交流……”

东晋葛洪的《抱朴子·博喻》说得好：“志合者，不以山海为远；道乖者，不以咫尺为近。故有跋涉而游集，亦或密迩而不接。”这句话也是习近平总书记的用典。用今天的白话就是说：心心相印者，是一定会穿过大半个中国来看你的！

有一首诗叫作《没有谁是一座孤岛》，这是17世纪英国玄学派诗人约翰·多恩的作品。

没有谁是一座孤岛，
在大海里独踞；
每个人都像一块小小的泥土，
连接成整个陆地。
如果有一块泥土被海水冲刷，
欧洲就会失去一角，
这如同一座山岬，
也如同一座庄园，
无论是你的还是你朋友的。
无论谁死了，

都是我的一部分在死去，

因为我包含在人类这个概念里。

因此，

不要问丧钟为谁而鸣，

丧钟为你而鸣。

中国成语简明扼要，对这首诗加个注脚就是：休戚相关，荣辱与共！

三

一个组织的凝聚，要正视并尊重个体的利益，这是凝聚力建设的基础。

我们刚刚纪念了中国改革开放 40 周年，大家都在思考，为什么中国的改革开放如此成功？其实一个核心的原因就在于，亿万人民群众支持改革开放。新华社有一篇文章这样分析：

马克思说：“思想一旦离开利益，就一定会使自己出丑。”我们可以肯定地说，在改革开放擘画的历史长卷里，最大受益者是亿万人民。承认个人利益，尊重个人利益，保护个人利益，发展个人利益。从历史中来，向着未来去，中国共产党人重新思考“利益”命题，找到了一把启动“腾飞引擎”的钥匙。

学者熊培云在他“国界与自由”的演讲中，讲过“两个毛主义”的故事。一个是墨子之“毛”。墨子讲究勤苦，为天下人奉献，希望自己和门徒都能像大禹治水一样，“腓无胈，胫无毛，沐甚雨，栉疾风，置万国”。另一个是杨朱之“毛”。用孟子的话说就是“拔一毛而利天下，不为也。”

当然这里的“毛”只是一种比喻，它可以拓展到一个脚趾、一条腿、四肢，乃至整个生命。作者评析说，墨子有点像“左派”，追求社会公正，主张奉献，走到极端就是让个人为天下奉献牺牲。杨朱则相反，像个“右派”，以个体利益为本位，自由优先，只顾自己，走到极端则是为了自己的利益，可以牺牲天下的一切。

墨子之“毛”和杨朱之“毛”，看似彼此对立、南辕北辙，实则可以成为两条互补的“底线”。墨子的深刻之处在于提出了社会的公平和正义，杨朱的独到之点却是强调了个人的权利与尊严。墨子当以杨朱为底线，兼爱天下而不强迫天下；杨朱则应以墨子为底线，自私自利但不失社会责任。

让我们再学习一下华为。以任正非的观点，在华为，在集体主义中的个人主义是允许的，因为每个人都有差异，每个人都有自己的思想，但是个人主义是为了这个集体，使整体队伍五彩缤纷，在竞争中团结，在团结中竞争。于是任正非说，我们对所有的新员工以同样的标准来要求，从一开始就培育团结合作、群体奋斗的精神，从而推动实现集体奋斗的宗旨。有了这种集体奋斗的土壤，个性的种子才能长成好的庄稼。

在实践中，华为公司对领导者倡导“让属下成为英雄，让自己成为领袖”。既重视有社会责任感的人，也支持有个人成就感的人；既要把社会责任感强烈的人培养成领袖，又要把个人成就感强烈的人培养成英雄。

我一直对我们的合伙人说，大家的职责就是拓市场、做业务、控风险、带队伍、谋发展。其中，“带队伍”乃重中之重，在“带队伍”的过程中，要让自己成为“领袖”，要让团队成员们成为“英雄”。

有人说，离开了人，一切发展都将失去意义。推动人的发展，激发人的力量，尊重人的价值，前提是正视并尊重人的利益。新时代的改革开放，必将进一步打开每一个人的生活空间、成长空间、发展空间、精神空间、梦想空间。对一个组织而言，亦然！

一个组织的凝聚，要重视并发挥有效的制度，这是凝聚力建设的保障。

子曰：“道之以政，齐之以刑，民免而无耻；道之以德，齐之以礼，有耻且格。”其实，德治和法治并不应对立，而是相辅相成。故孟子曰：“徒善不足以为政，徒法不能以自行。”当然贯穿于法之中的价值观是非常重要的，《淮南子》一书中就有“有道以统之，法虽少，足以化矣；无道以行之，法虽众，足以乱矣”之说。

对于一个组织而言，要建立并完善推进凝聚的规章制度。当然这个制度必须尊重人性，正视利益，合乎道德，方能为人尊重，方能为人遵守，方能通“行”。拿我们自己的制度来说，以分配制度为例，我们采取的是“二次分配”原则。第一次分配强调的是效率，体现的是能力；第二次分配突出的是公平，提倡的是和谐。没有第一次分配的效率，我们的蛋糕便做不大，共同利益便是无源之水、无本之木；而没有第二次分配的公平，我们的蛋糕就切不匀，仅靠每个人单枪匹马无法使我们的事业可持续。同时在我们的第二次分配中，超级合伙人的利益有“天花板”以封顶，而“溢出利益”则由全体合伙人共享，充分体现以大扶小、以强带弱、凝心聚力、共同发展的思考和理念。

再如我们的业务合作制度。我们不仅是鼓励，甚至要求每个合伙人的业务分工，致力于每个合伙人在某一项业务上的专注并精深。针对客户提出的多样化需求，则通过办公室间、合伙人团队间、律师间合作的形式来提供全方位服务，而且这种合作在内部又有业务分配和利润分配的规则予以遵循。上海办公室每年年会上推出的表彰项目，其中就专设一项最佳业务合作奖。

凝聚力建设离不开“螺丝钉”，少不了“工蜂”，缺不了“雷锋”，需要有前赴后继的“无名英雄”。我们要从制度上保障其利益，维护其权利，关注其成长，解决其困难，引领其发展，如习近平总书记说过的一句话——安身、安心、安业。[1]

任正非有一个“萤火虫”论：华为的光辉是由数千微小的萤火虫点燃的，萤火虫拼命发光的时候，并不考虑别人是否看清了他的脸，光是不是他发出的。没有人的时候他们仍在发光，保持了华为的光辉和品牌，默默无闻毫不计较。任正非感言：“他们已在创造历史、华为的光辉历史，我们永远不要忘记他们。”

我们的各项制度虽不尽完善，但基于一定的思考，绝非突发奇想，也非单兵突进，而是一以贯之，一脉相承，自成体系，意在并力行充分反映、引领、推进并保障凝聚与共享的组织文化和核心价值观。

一个组织的凝聚，要形成并贯彻愿景，这是凝聚力建设的要义。

“愿”者心愿也，“景”者景象也。“愿景”乃是我们希望看到、期待实现的我们未来的样子。

从主体角度分析，这个“未来的样子”应该是领导者和组织成员一起描绘出来的，共同形成、一起努力、联手造就、共建共享。其主体应该是“我们”“咱们”，而不是“你”“我”“他”。

从内容上而言，这个“未来的样子”就是一种发展预期，

1　参见《习近平在东北三省考察并主持召开深入推进东北振兴座谈会》，载新华社，2018 年 9 月 28 日。

是将来的景象，而且是美好的、让组织成员具有更多的获得感、幸福感和安全感的。这是一个组织行为的目标和方向、旗帜与道路。

从效力上来说，这个“愿景”具有规范、引领、激励成员行为的效果，可以激发每一个人的潜能，提升每一个人的奉献感，使每一个人竭尽全力为这个“未来的样子”不懈努力。

从过程角度理解，愿景的形成和实现不能仅仅依靠一个人，既不能一花独放、一枝独秀，也不应该只是振臂一呼、应者云集，而应该是真正地如毛主席所言“从群众中来、到群众中去”，由组织中的绝大多数的成员，求大同存小异，形成共识并凝炼而成，于是成为共同的行为准则，乃至生活习惯。

对此，彼得·圣吉的《第五项修炼》这本书值得一读。该书认为，学习型组织的关键在于汇聚五项修炼或技能，即自我超越、改善心智模式、建立共同愿望、团体学习、系统思考。

作者指出，共同愿景会唤起人们的希望，特别是内生的共同愿景。工作变成在追求一项蕴含在组织的产品或服务之中、比工作本身更高的目的，这种更高的目的深植于组织的文化或行事作风之中，它使组织跳出庸俗、产生火花。事实上，组织成员所共有的目的、愿景与价值观，是构成共识的基础。

心理学家马斯洛晚年从事于杰出组织的研究，发现它们最显著的特征是具有共同愿景与目的。马斯洛注意到，在特别出色的组织里，任务与本身已无法分开；或者说，当个人强烈认同这个任务时，定义这个人真正的自我，必须将他的任务包含在内。共同愿景会激发出勇气，这勇气会大到令自己都吃惊的程度。

书中，彼得·圣吉分析了奉献、投入、遵从之间的区别：投入是一种选择成为某个事物一部分的过程；奉献是形容一种境界，不仅是投入，而且心中觉得必须为愿景的实现负完全责任；进而认为，没有共同愿景的组织往往只会导致员工对上级、对组织的被动式的遵从，而绝不会对组织有真诚奉献。

如果说愿景是人生大方向，那么规划与战略就应该是进程小目标。

说到这里，再说一本关于律师自己的书。8 年前，牛津大学教授理查德·萨斯坎德写过一本《法律人的明天会怎样？》的小册子。书中写道："法律市场正处于史无前例的变动之中。未来 20 年律师的工作方式将急剧转变，提供法律服务的全新方式会浮现，新的服务提供者将进入市场，法院的运作方式也会改变。若无法适应，那么很多传统的法律服务机构必将被淘汰出局。"

作者相信，变革主要由三股力量来驱动："事多钱少"、职业泛化、信息技术。尽管如此，作者仍发现大多数传统律所依然止步不前，因为他们大多忙于服务客户和完成业绩指标，无暇顾及自身变革——要给飞驰中的车换胎，困难可想而知。

作者提到一个很重要的问题，“资深合伙人们关心长远吗？”他自答到：“他们更像是经理人，而不是领袖，因为他们更关注短期盈利能力，而不是长期兴亡。换句话说，资深合伙人是时候深入反思一下了，他们留给接班人们的遗产能更慷慨些吗？”

作者最后说了一个“电钻还是小孔”的故事。世界上电动工具的领军制造商之一的公司，对他们的新管理人员进行培训，大屏幕上展示了一张幻灯片，是一个闪闪发光的电钻。培训师问这些新人，这是不是他们公司卖的产品？大家开始会觉得有些惊讶，不过很快就一起鼓足勇气说，这确实是他们公司卖的产品。不过培训师会转到下一张幻灯片，显示一块木板上有个精心钻好的小孔。培训师说，这才是客户想要的！作为新管理者的工作，是永远去找更有创造力、想象力、竞争力的方法来满足客户所需。

作者继续说：“20 年来我不停地问律师们，法律服务那面墙上的‘小孔’是什么？”其中最好的回答之一来自毕马威：“我们的存在是为了把我们的知识变成对客户有益的价值！”

2018 年是国浩律师事务所成立 20 周年，在隆重欢庆的同时，我们还在做一件非常有意义的事情，就是制定国浩第五个五年规划，即“五五规划”。这个规划要彰显我们的愿景，体现我们的价值观、战略观，为我们下一个 5 年，乃至 10 年、20 年的发展提供遵循、指明方向。遗憾的是，我们有的办公室、有些管理合伙人，对此缺少足够的认识，表现在行动上也有迟缓和懈怠。我想还是用理查德·萨斯坎德的话来说明它的重要性吧。

“你不可能会拿到一份完整的战略文档，因为它会被当作最高机密来保护，但是你可能会拿到一份经过删减的摘要。在这个文件中应该能打开看出，该所对于比如五年后应处于何种地位的雄心，以及为达到此目的需要实现哪些重要变革；文件还应该指出律所主要的目标市场，以及在这些市场中如何参与竞争；你还应该寻到该律所核心价值和主导文化的说明。该战略导向整体上应该是可实现的，你要感觉能被其说服。如果包含上述要点的战略文件不存在，那么这家律所并没有为未来做好明智准备，因此也不是一家能为未来律师提供坚实基础的律所。”

四

凝聚，说到底就是人与人、人与组织之间的一种关系，团结一致、志同道合、勠力同心、携手向前。与此间，作为一个个体，应该处理好三个关系，即与自己、与他人、与组织。

先说与自己。在古希腊一座智慧神庙的大门上，写着这样一句箴言——认识你自己。古希腊人把它奉为神谕，这是最高智慧的象征。

同样，中国古典文献对“自知”的论述也有许多“金句”。

老子说:“知人者智,自知者明。”“自见者不明,自是者不彰,自伐者无功，自矜者不长。”

《吕氏春秋·不苟论·自知》说得更直接：“败莫大于不自知。”

《论语》中有个故事，孔子之问。“子谓子贡曰：‘女与回也孰愈？’对曰：‘赐也何敢望回？回也闻一以知十，赐也闻一以知二。’子曰：‘弗如也；吾与女弗如也。’”这正是子贡的自知之明，这正是子贡的智慧。

我一直对我们的年轻律师说,大家既非“才高八斗”,也非“倾国倾城”；既不是“建林之子”，也不是“马云之妹”。无才可恃，无颜以当，无爹可拼，无钱可烧，因此，只有扎扎实实、脚踏实地，做好本职工作。如果动不动对客户“安能摧眉折腰事权贵，使我不得开心颜”；时不时对职业“人生在世不称意，明朝散发弄扁舟”。那么，肯定会一事无成，不是在找工作，就是在找工作的路上。

老子提出一个观点——洼则盈，就是告诫世人要“戒盈”，不要以为自己完美无缺，也不要一味地追求十全十美，只有充分认识到自己的缺点和不足，才能不断进步。

我们的事业发展，是不允许所谓“精致的利己主义者”大行其道的。在这里，大家可以学习一下鲁迅的思想。历来大家公认，鲁迅对中国国民性的剖析是异常深刻的。1926 年鲁迅受林语堂之邀，前往集美学校做了一个演讲。他说：

> 聪明人不能做事，世界是属于傻子的。因为他们想来想去，终于什么也做不成，他们过于思虑个人的利益，过于计较个人的得失，他们想着，想着，有利于自己者才肯做，有利于社会、别人者，即使肯做，也常不彻底、不真诚、不负责，以至于败事而无所成就。你们看看，当今的聪明人是不是这样？他们是专门为自己打算盘的所谓“聪明人”，这种“聪明人”是绝对做不出有利于人民的事业的。

鲁迅的结论是：世界是傻子的世界，由傻子去支持，由傻子去推动，由傻子去创造，最后是属于傻子的。他们有坚强的魄力，有勤劳的德性，世界的一切，都是从他们的劳动中创造出来的。

1929 年鲁迅在北京第二师范学院也有一次演讲。他说：“有一种人专门牺牲他人以满足自己，他是一个各种主义者，要用人帮忙的时候便高唱克鲁泡特金的互助论，要争夺利益的时候便又高唱达尔文的适者生存。”

上述是鲁迅从“国”的高度谈“傻子”，任正非倒是从“司”的角度也说“傻子”。任正非认为，能留住人的激励机制几乎不存在，能做的或许就是将价值观区分开来，留住那些与华为志同道合的人。

华为将员工按价值观分成三类。按任正非的观点，第一类是最聪明、最优秀的人，认为自己的个体价值很高，可以投身到另外的领域；第二类是很聪明、能力也很强的员工，他们认为外面的公司能够有更大的平台，于是华为也挡不住这类人的流失；第三类则是华为早期留下来的员工，任正非说，他们都是“傻子”，不傻怎么会留下来呢，毕竟华为是一步一步成长起来的，当然这些员工也慢慢地取得了成功。因为他们相信华为，所以走到现在。这些人就是和华为志同道合的人，留住他们，就是留住了未来。

微信之父张小龙异曲同工地从另外一个角度也论述了“笨”。“作为产品经理，带领一个团队做出10亿级产品是很骄傲的事情”“但是让产品成为一种价值观，让产品有灵魂，让团队有很强的共同的认知，造出一个内在一致的产品，才是非常有价值的”“很多时候，笨并不是智力不及，而是选择不运用智力——如果你懂这句话，就知道：笨是一种人品”。

诸葛亮写过一篇名著《知人性》，列举了四种表里不一者，并论述了七种考察识人的方法。

> 夫知人性，莫难察焉。美恶既殊，情貌不一，有温良而为诈者，有外恭而内欺者，有外勇而内怯者，有尽力而不忠者。然知人之道有七焉：一曰，间之以是非而观其志；二曰，穷之以辞辩而观其变；三曰，咨之以计谋而观其识；四曰，告之以祸难而观其勇；五曰，醉之以酒而观其性；六曰，临之以利而观其廉；七曰，期之以事而观其信。

毛主席在延安的时候写过一篇文章——《改造我们的学习》，其中对主观主义作了描述："无实事求是之意，有哗众取宠之心。华而不实，脆而不坚。自以为是，老子天下第一。"并且用一副对子替这种人画像："墙上芦苇，头重脚轻根底浅；山间竹笋，嘴尖皮厚腹中空。"

我们是不是也应该给"自我主义"画个像：自以为是，自鸣得意；自我中心，自私自利；自命不凡，自满自足；自高自大，自拉自唱；自作聪明，自作主张……而与此同时，以邻为壑，以人为狱，以友为敌……对别人，"马列主义"；对自己，"自由主义"；对成绩，主观主义；对问题，客观主义；对个体，乐观主义；对集体，悲观主义……甚至，玩弄于他人矛与盾的间隙，游走在制度白与灰的边界，得益自管理严与宽的渐进，揣摩着别人实与虚的动态……这些，都是一个组织凝聚力工程建设的“短板”与“矮处”、“盲点”与“漏洞”，不得不防之、清之，不得不增强、补足。

熊培云《这个社会会好吗》书中“自由在高处”一文读来颇受启发。

他说他常用一个题目考大家：请挪动其中一个数字，0、1或者2，使101-102=1这个等式成立，注意只是挪动其中一个数字，只能挪一次，而且不是数字对调。更多的人是左右挪动，而如果能够总揽全局，让每个数字都东奔西突在你的眼前跳舞，你就很快能够找到答案。他说，我们常常陷入一种横向的思维，一种左右的思维之中，而是很少有一种向上的维度。世界就像一个广场，如果你只知道左右，而忘了要站在更高处张望，你是很难找到自己的方向的。

再说与他人。《道德经》有句话说得好：“圣人方而不割，廉而不刿，直而不肆。”我们可以这样理解，“方”，是说做事一定要遵守规则或规矩，但也要通人性和人情。“圆”，则是说做人要宽容忍让、圆通融通，但绝非世俗小人圆滑世故、八面讨好、左右逢源的丑陋心态。于是，我们既不要随波逐流、随风摇摆，也不要咄咄逼人、强加于人。

大家知道山本耀司这个名字吗？日本著名服装设计师。他有一句话颇有哲理："自己"这个东西是看不见的，撞上一些别的什么，反弹回来，才会了解"自己"。所以，跟很强的东西、可怕的东西、水准很高的东西相碰撞，然后才知道"自己"是什么，这才是自我。

《道德经》还有一句大家耳熟能详的话："上善若水，水善利万物而不争，处众人之所恶，故几于道。""江海之所以能为百谷王者，以其善下之，故能为百谷王。"

我们每个人，尤其是年轻人，不惮于处于"众人之所恶"的地方和岗位，低调做人，扎实干事，吃苦耐劳，磨练自己，成就自我。

如司马迁所云："盖文王拘而演《周易》；仲尼厄而作《春秋》；屈原放逐，乃赋《离骚》；左丘失明，厥有《国语》；孙子膑脚，《兵法》修列；不韦迁蜀，世传《吕览》；韩非囚秦，《说难》《孤愤》；《诗》三百篇，大抵圣贤发愤之所为作也。"

《白鹿原》这部小说原著我看了两遍，电影倒是没来得及看，电视剧先是在半夜瞄了两眼，后来乘东方航空，总是边吃饭边看一集，终于慢慢地看完了。这部小说陈忠实写得好，电视剧张嘉译、何冰演得也好。我的理解，《白鹿原》深刻揭示了中国传统文化的现实状态和未来走向。主人公白嘉轩身上，前面写着中国人、心里刻着中国文化。

学者周濂在他《正义的可能》一书中也表达了与我差不多的观点。他说，那天去看了这部电影后，百思不得其解，为什么对于黑娃、田小娥这些20年前让他血脉偾张、眼红心热的角色通通无感，反倒是白嘉轩、鹿三这两个古板硬气到冥顽不化的老家伙，叫他感怀不已？是因为在他们的眉宇间总能找到“堂堂正正、至尊正派”这八个大字。

周濂继续写道，非儒家传统的西方人同样推崇并且能够培育出正派的品格，他举了美国前第一夫人米歇尔的例子。米歇尔有一次在美国总统竞选造势大会上演讲说：“我们不嫉妒其他人的成功，也不在意其他人是否比我们拥有更多。我们学会了做自尊正派的人，努力工作远比挣钱多少重要，帮助别人比自己挣钱更有意义。”

我们知道，华为强调“狼性文化”。任正非说，企业就是要发展一批狼，狼有三大特征，一是敏锐的嗅觉，二是不屈不挠、奋不顾身的进攻精神，三是群体奋斗。同时任正非把“狼狈为奸”这个贬义成语，从管理学上赋予了新意和褒义：要形成狼狈组合，就要有富于进攻性的狼，又要有精于算计的狈，真正实现前线市场员工的狼性和后方支援员工的狈性之间的互补，坚决反对员工狂妄自大、自命清高、刚愎自用、不合流的思想和行为。

又说与组织。每年国家宪法日，同一个时刻，千百个城市，数万名律师，面对国旗，手扶《宪法》，庄严宣誓，如此蔚为壮观的场景昭示的是中国律师的坚定信念。同样，每一个暑期，来自国浩近30个办公室的新人们，都不远千里、汇集一地、济济一堂，搞一次团建活动，过一次组织生活。

我经常跟我们的年轻律师讲，为什么要宣誓，为什么要团建？孔子说过，“不知礼，无以立也”；孟子又说，“恭敬之心，礼也”。这个“礼”不是一般的形式，而是礼节，是礼仪，通过礼节与礼仪，提升我们对这份职业、这个专业、这一组织、这种文化的敬重与敬畏之心！

这只是我们凝聚力工程的第一步、重要一步。我们要通过我们持之以恒、坚持不懈的工作，让我们的新人、我们的每一名员工，都融入这样一个组织、这样一个集体，成为这个组织与集体的不可分割、不可或缺的有机组成部分。

《道德经》说：“太上，不知有之；其次，亲而誉之；其次，畏之；其次，侮之。”

中国人民大学教授葛荣晋写了一本书——《道学二十讲》，其中一讲特别诠释了道学与管理的关系。他认为，“侮之”是低层次的管理，一般都是“草商”所为，既不懂以法治人，也不懂以德感人，既不能任人唯贤，也不懂科学决策。而“畏之”的管理则提高了一层，不过管理者傲视群雄，被管理者唯命是从，大多是“法商”之所为。很显然，“亲而誉之”的管理又上了一个大大的台阶。如论语所言，“为政以德，譬如北辰，居其所而众星拱之”，说的就是如此形成强大的向心力和凝聚力，该等管理者被称为“儒商”。“不知有之”是管理的最高境界，乃“道商”所为。老子说：“功成事遂，百姓皆谓我自然，治大国若烹小鲜。”也可谓孔子所言：“随心所欲而不逾矩。”

彼得·圣吉就非常推崇老子的管理境界，他在《第五项修炼》一书中引述了《道德经》的内容，并评价道：老子说，不好的领导者会被人们瞧不起，好的领导者会赢得人们的称颂，伟大的领导者会让大家在事情完成时说，是我们自己完成这件事的。

这就是“不知有之”的境界，如同杜甫诗言，“随风潜入夜，润物细无声”。

在此过程中，“责任”与“热爱”两个词非常重要。去年年底我们又安排了北大英才培训班，苏力教授再一次给学员们讲了课。苏力写过一本书叫《走不出的风景》，他说找工作是双向自由选择，但地球人都知道，你既没太多自由也没很多选择，更大程度上是在进入一个格式化的社会，是求职。社会一点也不小资，他最多也就听听却不在乎你的感受和自尊，不会迁就你，你要与之兼容而不是相反。记住在社会职业以及家庭中，责任永远高于热爱。当然苏力同时也说，要发现你的热爱。

我一直也有个感受：因为责任，所以热爱。责任会诱发热爱，并使热爱一发不可收拾；而热爱本身又平添了更多的责任感。两者交织，相互促进，彼此融合，使追求卓越成为一种习惯。

还是稻盛和夫说的好："要想度过一个充实的人生，只有两种选择，一种是从事自己喜欢的工作，另一种是让自己喜欢上工作。"苏格拉底也说："快乐就是这样，它往往在你为着一个目标努力工作时，就突然地到来了。"

五

为什么我们总是强调凝聚。因为凝聚不仅重要，而且知易行难。犹如当年林语堂所言，中华民族的民族德性中缺乏公共意识。

在《吾国与吾民》一书中，林语堂说："吾们常把中华民族加以检讨，而描绘出他们的民族德性，则可以举出下列种种特征：一为稳健，二为淳朴，三为爱好自然，四为忍耐，五为无可无不可，六为老滑俏皮，七为生殖力高，八为勤勉，九为简约，十为爱好家庭生活，十一为和平，十二为知足，十三为幽默，十四为保守，并十五为好色。而上述所谓德性中之几项实际乃为一种恶行，而非美德；另几项则为中性品质，他们是中华民族之弱点，同时亦为生存之力量。心智上稳健过当，常挫弱理想之力而减损幸福的发皇，和平可以转化为怯弱的恶行，忍耐也可以变成容纳罪恶的病态之宽容，保守主义有时可称为迟钝怠惰之别名，而多产对于民族为美德，对于个人则为缺点。”

他进而分析：“当顺利发皇的时候，中国人人都是孔子主义者，失败的时候，人人都是道教主义者。孔子主义者在我们之间努力建设而勤劳，道教主义者则袖手旁观而微笑。”

至于“公共精神的缺乏”，林语堂自有见地：“公共精神为一新名辞，公共意识一辞亦然，社会服务一辞亦然，中国原来没有这种东西。中国人也玩玩种种游戏竞技以资消遣，不过此等游戏竞技大率系属于中国人个人主义的特性的。中国人喜欢打扑克一类的牌戏，而不喜欢 Bridge 一类的牌戏。中国人常喜搓麻雀，固已久著盛名，麻雀即近似扑克，非似 Bridge。从这个麻雀哲学中，可以看出中国人个人主义的素质。”

林语堂描绘的是 80 年前中国国民的景象，不过缺乏公共精神对于许多人而言倒是前赴后继，这些文字今日听来仍令人深思。

既知如此，我们更应身体力行，知行合一。说到这里，我们一定要好好领悟“知行合一”四个字。在《习近平用典》（人民日报出版社 2015 年版）一书中我们可以发现，习近平总书记在讲话中引用“知行合一”一词是非常多的。而且，他还引用过荀子的 “不闻不若闻之，闻之不若见之，见之不若知之，知之不若行之，学至于行之而止矣”，以及王夫之的“知行相资以为用”等名言。

梁启超点校的《传习录集评》值得细读。王阳明说“知是行之始，行是知之成”，后来说“致良知”。梁启超认为，王阳明这样“像是变更口号，但内容原只是一样”。对于“致良知”，王阳明把它编成几句口诀，即有名的“四句教”，所谓：“无善无恶心之体，有善有恶意之动。知善知恶为良知，为善去恶是格物。”

南京师范大学郦波教授在其《五百年来王阳明》一书中对此有个解读，有助于我们的理解。“无善无恶是心之体”是世界观，“有善有恶是意之动”是人生观，“知善知恶是良知”是价值观，“为善去恶是格物”是方法论。从世界观、人生观到价值观、方法论，王阳明的思想是一个庞大、严谨的完善体系，也正因为如此，我们才将其称为五百年来影响人类文明的思想体系和哲学体系。

其实王阳明还有一句通俗易懂的名言，“去山中贼易，去心中贼难”。王阳明认为，良知唯一的仇敌是功利主义，不把这个病根拔去，一切学问无从做起。那么，王阳明所不认同的功利是什么呢？梁启超分析，“是各个人自私自利——以自己利益为本位的那种念头”，如财货欲、权势欲、虚荣欲。“凡做一事、发一念，其动机是否出于自私自利，即善恶之唯一标准。”

如何才能“致良知”？王阳明以为最要紧的是“立志”。如孔子说：“为仁由己，而由人乎哉？”“我欲仁，斯仁至矣。”王阳明在龙场“示诸生教条四章，首即立志”。

梁启超继续研究，“志是志个什么呢？”王阳明说，要志在“必为圣人”。梁启超坦承，“这些话不知现代青年们听了怎么样，我想不是冷笑着以为迂而无用，便是惊骇者以为高不可攀”。其实并非如此！

王阳明有言：“盖所以为精金者，在足色而不在分两，所以为圣者，在纯乎天理而不在才力也。犹一两之金，比之万镒，分两虽悬绝，而其到足色处可以无愧。故曰‘人皆可以为尧舜’者以此。”

梁启超认为：“这番话可谓妙语解颐。圣人中可以分出等第，有大圣人，小圣人，第一等，第二等圣人，乃至第九十九等圣人，而其为圣人则一。我们纵使够不上做一万斤重的一等圣人，至少也可以做一两重，一钱重，一分重乃至一厘重的第九十九等圣人。做一厘重的九十九等圣人，比诸一万斤重的一等凡人或坏人，其品格却是可贵。孟子所谓‘人皆可以为尧舜’，必要如此方解得通，否则成为大妄语了。”

同样，在我们的律师事务所，合伙人纵是再“大”，亦不应颐指气使，目中无人，对身边的同事尤其是“小”律师、“小”秘书们，也应该给予尊重与关爱，否则不就是“分两”足足，“成色”全无？不消说是“大圣人”，连“小圣人”也不是。而我们的年轻人们，包括“小”律师、“小”秘书们，更应做好本职，扎实服务，修炼品格，虽“才力”尚有不及，却秉持“天理”公心，从而成为一个个“小圣人”，与“大圣人”平起平坐，和谐共处，欢聚在一起，拧成一股绳。正如清代袁枚那首小诗：“白日不到处，青春恰自来。苔花如米小，也学牡丹开。”所谓“志同”，既有志向一致，更有志气相投。每一个人，都能让优秀自我、“必为圣人”成为自己的追求，并在追求之中使之成为自己的习惯、进而成为整个组织的习惯。

六

凝聚应该是一种“美美与共”的状态。子曰：“里仁为美。择不处仁，焉得知？”字面的意思是说，选择住处要选有人德处。其实不管择居，抑或择业，还是择友，都要有人德才行。从这一角度，“里仁为美”，是对组织凝聚的恰如其分的诠释。

我一直对大家说，要多读《论语》。这本书是政治学经典，也是哲学集大成，又是文学之大作。我有一位朋友，著名导演胡玫女士，《雍正王朝》《汉武大帝》都是她的代表作，拍过电影《孔子》，周润发演的，其中诸多精彩情节取材于《论语》。

孔子和他的学生们，就是一群志同道合者，从而成为能够且始终凝聚在一起的谦谦君子，“切切偲偲，怡怡如也”。他们各有所长，如颜渊、闵子骞、冉伯牛、仲弓的“德行”；宰我、子贡的“言语”；冉有、季路的“政事”；子游、子夏的“文学”。当季康子问“可使从政也与”时，孔子如数家珍，“由也果”“赐也达”“求也艺”“于从政乎何有？”

鲍鹏山写过一本《寂寞圣哲》的书，其中有篇文章《仲尼弟子·昨夜星辰》，栩栩如生地描绘了孔子的弟子们的光辉形象。

“这些都是一些极有思想、极有个性、极有血性的人。他们思虑深刻，情感丰富，个个生龙活虎，志向远大。他们无一丝小儿女态，无一丝求田问舍之想。他们颠沛为天下，在苦难中表现他们的风流，在艰苦中显露他们的卓绝。他们并不完美，但他们追求完美，正如他们生活在充满缺憾的时代，却又坚定不移地追求理想的世界。他们并不崇高，但他们绝不否定崇高，而是以此悬的，作为自己人生磨砺的旨归……”

文章特别点评了子路：“《论语》中若无子路，就如同《水浒》中没有了李逵。”子路是仲由的字，仲由又字季路，鲁国卞人，就是我们老家泗水县的泉林卞桥人，被誉为“孔门十哲”之一，子曰的“片言可以折狱者，其由也与”，便夸的是他！

罗振宇的跨年演讲大家都关注到了，他说到了“巴菲特的一个提醒”：“没有一个人可以靠做空自己的祖国成功。”不管这句话是不是巴菲特真的讲过，但罗振宇后面的分析很有道理：“他为什么这么说？这不是在讲什么爱国主义，而是说每一个人的成功，都是在分享一个共同体的红利。”

共建共同体的“股本”，共享共同体的“红利”，这应该就是凝聚的本质意义，如一开始我们说到的：“群之可聚也，相与利之也。”

罗振宇的演讲也提到了黄峥——拼多多的创始人。拼多多是什么呢？黄峥自己是这么说的：“拼多多是人的逻辑。”什么意思呢？是一种信任。这种信任是什么？是一种熟人之间的非常直接的感知和判断。这个感知和判断，胜过千万条数据。而且，它更大的妙用是，人和人的感知一旦叠加，会形成一股旋涡般强大的力量，不断地卷入更多的人、更多的外部资源，推动一个东西飞速旋转，罗振宇称它为“信用飞轮”。他说他讲这个信用飞轮的逻辑，只想证明一点：这个世界绝不会只变成机器的世界、算法的世界、代码的世界。这个世界在很多场景下，完全呈现为一个人推动人的世界。

《新华字典》说：拼，从“手”，从“并”，本意是两手击拍，引申为合并。现在有两个意思，一是合在一起，二是不顾一切地干。

有一首歌，但凡中国人总能哼两句——《爱拼才会赢》，其中的“拼”，今天在这里，我取其《新华字典》里的第一个含义。于是我们最后说：

拼，才能多多！

爱拼，才会赢！

（这是作者2019年1月26日在国浩上海年会上的讲话）

03

我们应有的初心

每年年会上我的发言，都属于漫谈，“形”比较散，不过我争取“神”之完整且一以贯之。今天的“神”是什么？就是我们大屏幕上的这两个字儿——初心。所以今天我的发言也算是命题作文吧。

我从去年读过的几本书说起。2017 年读的书不是太多，可能与出差略少有关。行万里路读万卷书，行路时乃读书时，两者还真是难分舍。在读的几十本书中，有几本还是值得向大家推荐的，今天就说 10 本吧。

新年首日，习近平总书记贺词如期而至，“金句”频出，屡获点赞，而总书记身后书架上的著作，也引发书迷兴致，备受关注。总书记一直说，“我经常能做到的是读书，读书已成了我的一种生活方式。”[1]他的书单中，不乏关乎科技最新潮、大趋势的“热书”“潮书”，例如《智能浪潮：增强时代来临》。[2]

此书作者布雷特·金，曾被*Banking Exchange*杂志称为“颠覆之王”，为《金融品牌》杂志评选的“世界金融业最有影响力的人物”第一名。在这本书中，他认为，我们所探索的科技，如人工智能、基因编辑、自动驾驶汽车、机器人、可穿戴设备和嵌入式计算等，将彻底重新定义人类的下一个时代，于是他将这一时代称为“增强智能时代”（Age of Augmented Intelligence）。他进一步探讨：机器人会抢走我们的工作吗？人工智能是危险到来的信号还是技术大发展的标志？我们将迎来的是人类的毁灭还是富足新时代？增强时代会带来什么改变，人类社会会受到怎样的影响？在书的最后，布雷特·金说：“增强时代将给予我们人类前所未有的最大优势及潜能，但前提是我们要拥抱变革、转型和创新。做好准备，开启智能之路上的生活吧！”

阅读此书，可延伸去看一看李彦宏的《智能革命：迎接人工智能时代的社会、经济与文化变革》和尤瓦尔·赫拉利的《未

1　《习近平接受俄罗斯电视台专访》，载新华社，2014年2月9日。

2　参见白世康：《习近平的书架上都有哪些书　这份书单党员干部请收好》，载共产党员网，2018年4月23日。

来简史》，这也是今年佘山读书会上我给国浩新人们推荐的两本书。

我想说的第四本书，也是总书记书架上的书，就是《灰犀牛：如何应对大概率危机》。[1]这本书我看得比较慢，不像《智能浪潮：增强时代来临》那样在飞机上一口气就看完了。

作者告诉我们，“黑天鹅”理论提醒人们注意那些意料之外的事件，让人们认识到其发生的可能性。在每一个“黑天鹅”事件的背后，都潜藏着一个巨大的灰犀牛式的危机。有时候，灰犀牛式危机越是严重，我们越难看到它的存在，越难逃离它的进攻路线。作者继续说，所有灾难的发生，不是因为发生之前的征兆过于隐匿，而是因为我们的疏忽大意和应对措施不力。这些事件征兆早就明白无误地呈现在绝大多数人的面前，但他们不仅视而不见，而且不愿适时采取应对措施加以防范。作者建议，要成为发现灰犀牛式危机的人，要成为控制灰犀牛式危机的人。本书推荐者之一诺瑞娜·赫兹对此不无感慨地说：“如果‘黑天鹅’理论让人感到绝望的话，那么灰犀牛理论能让我们明白，我们有能力解决危机。在这部原创性著作中，米歇尔·渥克让我认识到：在危机到来时，保持头脑清醒，做正确的应对对策是十分重要的。”

1 参见白世康：《习近平的书架上都有哪些书　这份书单党员干部请收好》，载共产党员网，2018 年 4 月 23 日。

之前的 4 本书是科技财经类的图书，再推荐两本国际社科类的。一本是《苏联的最后一年》，2017 年 1 月社会科学文献出版社出版，作者是俄罗斯的罗伊·麦德维杰夫。此书开篇即讲 20 世纪 80 年代初的“克里姆林宫以及老广场上的新面孔”：安德罗波夫、契尔年科、柯西金、戈尔巴乔夫、葛罗米柯……这些名字对如我这般年过半百的老同志是耳熟能详的，而对在座的大多数同事可陌生得很。作者给大家的结论是，当苏联的政治体系将一个尚未做好掌舵准备的人推到风口浪尖时，苏联这艘被政治及经济“风浪”冲击得千疮百孔的大船最终触礁是不可避免的了！

本书不仅有全景式的客观描述，而且难能可贵的是深刻剖析了苏联解体的原因。例如，反俄罗斯的民族主义、俄罗斯的分裂主义、“冷战”和西方施压、社会主义阵营的瓦解、戈尔巴乔夫和叶利钦的作用，等等。不过更为精辟的是：“苏联解体之前，国内并没有发生任何激烈的革命，也没有产生强大的意识形态和民族解放运动。国家的瓦解似乎是在众多微弱的冲击共同作用下而发生的，许多人当时认为，即便将所有这些冲击力结合起来，也不至于摧毁整个国家。”“研究苏联解体的性质和原因时，不能不考虑苏共消亡的原因。”“苏联原本是可以保留下来，甚至能够继续繁荣，但为此需要更为合理的领导，需要更为清楚地了解我们的国家和社会的实质，以及它所存在的内部矛盾。”

当说到这里的时候，用灰犀牛理论来解释苏联的衰败与灭亡，倒也是颇为奏效。另外，以“初心”二字追究苏共，其实也正是应验了这句话：忘了初心，难得始终！

说完苏联说美国。另一本书是美国前财长、高盛总裁保尔森的《与中国打交道：亲历一个新经济大国的崛起》。我读的是香港中文大学出版社 2017 年出版的。保尔森不无感慨地说，中国崛起为超级经济大国，肯定属于历史上最非凡的故事。他也尖锐地分析到：为将中国打造成现代化的超级大国，习主席制定了雄心勃勃全面多元的政策，这让美中关系变得更加重要，也更为复杂。面临一个在国际舞台上更加强势、在国内进行深远变化的中国，中美两国无论是日常交流还是长远合作，其挑战前所未有。在书中，保尔森也提出了不少建设性的建议与主张：“当人们满足了自身的物质需求后，他们会有更多的期望。最终他们想对自身如何被治理有更大的发言权。我认为，对自由、生命、权利和幸福的向往与追求是普世的，是人类社会与生俱来的，而不仅仅是美国这个国家当初的创造者表达的愿望。”这些话可谓一针见血、一语中的！

刚才说的这几本书，不属于钱穆先生倡导读的五类书中的“消遣书”，还是值得仔细品味、掩卷冥思的。

于是我在想，未来有可能被颠覆，危机总是大概率事件，不可一世的帝国也会悄然瞬间崩溃，强大的竞争者始终侧卧于身旁。我们生活在一个不确定性很强的时代，正如毛主席所言："四海翻腾云水怒，五洲震荡风雷激。"广到世界，大到国家，小到单位，微到自己，无不应关注、预判、应对这种不确定性。

今年是国浩集团创立20周年，也是国浩上海成立25周年，如何永葆激情、充满活力、前赴后继、实现可持续发展，值得每一名国浩人深思！此刻，国浩上海400多名员工济济一堂，下午还有新人登台亮相。我想起郑板桥画"新竹"并题诗："新竹高于旧竹枝，全凭老干为扶持。明年再有新生者，十丈龙孙绕凤池。"此刻，我们也更加追思和怀念离开我们已经12年的国浩创始人张涌涛律师、前年不幸辞世的于宁主席、此前不久英年早逝的我们上海办公室的周一杰律师。国浩事业，代代相传。先来人，老当益壮；新生者，茁壮成长（至于新来的老人，属于焕发激情）；更多人，中流砥柱。刚才大家的发言，老人回首创业之路，新人憧憬筑梦之路，大家一起畅谈诗与远方，一如大屏幕上四个大字——勠力同行！我们必须集思广益，预判未来，把握风险，从帝国崩溃、大国崛起中得以启示，推进国浩事业长治久安永续发展。

十九大报告指出："中国特色社会主义进入新时代，我国社会主要矛盾已经转化为人民日益增长的美好生活需要和不平衡不充分的发展之间的矛盾。"同样，新时代律师事业面临的主要矛盾也已转化为人民群众日益增长的法律服务需求与律师业不平衡不充分的发展之间的矛盾；而新时代国浩发展面临的主要矛盾当然也应该是我们的当事人、我们的客户日益增长的法律服务需求与我们自身不平衡不充分的发展之间的矛盾。

面对变幻的现实，面对我们的新时代，我们要像毛主席说的一样，要有“红雨随心翻作浪，青山着意化为桥”的豪迈，要有“可上九天揽月，可下五洋捉鳖”的雄心，更要有“冷眼向洋看世界，热风吹雨洒江天”的定力！

那么我们谈谈定力！定力是佛家用语，有定力者，正念坚固，不随物流，不为境转，光明磊落，坦荡无私，不被假象所迷惑，不为名利而动心，于是，自然开慧，修成正果。放在今天我们说，定力是一种清醒的判断力、果断的决策力、坚定的执行力、超凡的自控力。其实说大了，定力是一种意志、一种品质、一种境界；说小了，就是一种心情，一种情绪，一种心态。正所谓心宽如海、心静如水、心明如月、心坚如钢。

我们必须修养自己的定力，多一些坚守准则的执着，多一些舍我其谁的豪气，多一些义无反顾的坚韧，多一些无问西东的果敢。如郑板桥诗云：“咬定青山不放松，立根原在破岩中。千磨万击还坚劲，任尔东西南北风。”

说到郑板桥，这里我又想起一个人，想到一本书。此人便是苏东坡，该书即《苏东坡传》。

苏东坡有词《定风波》:“莫听穿林打叶声,何妨吟啸且徐行。竹杖芒鞋轻胜马,谁怕?一蓑烟雨任平生。料峭春风吹酒醒,微冷,山头斜照却相迎。回首向来萧瑟处,归去,也无风雨也无晴。”

叶嘉莹先生对这首词最后一句情有独钟:“风雨”是打击,是一种不幸;“晴”是一种温暖,是幸。“风雨”是外来的,我还是我;“晴”也是外来的,我也还是我。无论是打击和不幸也好,还是温暖和幸福也好,对我的心都没有干扰,都不能转移和改变我。

在此建议大家去读读这本书,这本林语堂先生用英文写的译著《苏东坡传》(这也是今天向大家荐读的第七本书)。今年1月8日是苏东坡981岁生日,网上铺天盖地都是纪念他的各类美文,盛赞者众。近千年来,历朝历代都有不计其数的人热爱这位大诗人,赞美诗话不可胜数,就连在林语堂笔下,也不吝浓墨猛夸不止。

不过我还是最欣赏林语堂的这段话:“他身上显然有一股道德的力量,非人力所能扼制,这股力量由他呱呱落地开始,即强而有力地在他身上运行,直到死亡封闭上他的嘴,打断他的谈笑才止。”“‘吾上可陪玉皇大帝,下可陪卑田院乞儿。眼前见天下无一个不好人’。所以,苏东坡过得快乐,无所畏惧,像一阵清风度过了一生,不无缘故。”

从林语堂书中，更从苏东坡诗中，我们认识他“横看成岭侧成峰，远近高低各不同。不识庐山真面目，只缘身在此山中”的格局；我们欣赏他“无波真古井，有节是秋筠”“人生如逆旅，我亦是行人”的旷达；我们理解他“自笑平生为口忙，老来事业转荒唐。长江绕郭知鱼美，好竹连山觉笋香”的释怀；我们钦佩他“人生到处知何似，应似飞鸿踏雪泥。泥上偶然留指爪，鸿飞那复计东西”的超然；我们叹服他“卒然临之而不惊，无故加之而不怒”的从容；我们点赞他“长恨此身非我有，何时忘却营营”“小舟从此逝，江海寄余生”的洒脱；我们折服他“万里归来颜愈少”“笑时犹带岭梅香”“试问岭南应不好”“此心安处是吾乡”的恬静；我们喜欢他“枝上柳绵吹又少，天涯何处无芳草”“笑渐不闻声渐悄，多情却被无情恼”的性情。

苏东坡真是半世颠沛流离，可乃一生诗情画意。有人苦笑而言：东坡不是被贬官，就是奔波在被贬官的路上。即便如此，他却宠辱不惊，淡定从容，进退自如，无往不可，超然物外，随遇而安，此可谓定力！正是：无关风雨无关晴，任尔东西南北风！

“问渠那得清如许，为有源头活水来。”那么定力何来？我的理解，发乎初心也！正所谓定力首先在定心！

至此，终于引出了今天的“主角”、我们的主题词——初心！

初心是初衷，是初愿；是原点，又是目标。“初心”一词是2017年“国内年度流行词”，其流行应该归功于习近平总书记，而党的十九大报告的主题“不忘初心，牢记使命”更使“初心”闪亮。

我们有个统计，截至去年年底，国浩全体党员超过800人，占全体员工的30%以上；其中上海办公室拥有党员超过160人，占上海办公室总员工的比例接近40%。所以我们顺着党的十九大报告，先感受一下共产党的初心：“中国共产党人的初心和使命，就是为中国人民谋幸福，为中华民族谋复兴。这个初心和使命是激励中国共产党人不断前进的根本动力。全党同志一定要永远与人民同呼吸、共命运、心连心，永远把人民对美好生活的向往作为奋斗目标，以永不懈怠的精神状态和一往无前的奋斗姿态，继续朝着实现中华民族伟大复兴的宏伟目标奋勇前进。”

是不是铿锵有力，掷地有声！是不是振聋发聩，热血沸腾！

接下来我们再说一说作为律师的我们，其执业初心何在？

还是从一本书说起。去年我翻阅了一本法律专业类书，名曰《新控辩审三人谈》。这是我的一位老朋友、北大出版社副社长蒋浩策划的，在由时任（此时的时乃2001年）最高检公诉厅厅长姜伟（“检”）、全国律协刑辩委主任田文昌（“辩”）和时任最高法刑庭庭长张军（“审”）三人所谈著的《刑事诉讼：控辩审三人谈》一书出版后，于2012年《刑事诉讼法》修改之际的“新”著。

大家肯定在想，吕律师你“不务正业”啊，不去研究公司法证券法著作，却学习起刑诉著作来了。不过的确如此，本届全国律协会长班子分工，我协助会长负责律师维权工作，并兼任维权委主任、维权中心主任，而维权案件基本上发生于诉讼，尤其是刑诉中，不了解、不理解、不掌握诉讼法律，尤其是刑诉法律，谈何维权，何以维权？

于是我恶补诉讼法尤其是刑诉法，再加上重温刑法，延伸阅读了张明楷教授的《刑法的私塾》（之一）、（之二）；还加上研究法官，又延伸阅读了苏力译、波斯纳著的《法官如何思考》。上述三本书是老书、藏书、尘封之书，但书到用时方恨少。当然，“纸上得来终觉浅，绝知此事要躬行”，于是在此过程中，我与丁伟晓律师上法庭欣赏并配合她唇枪舌剑，与王小成律师走家庭倾听并补充他慷慨陈词，与寇树才律师去监所学习并请教他“谈话”“会见”。

20 世纪 90 年代我初做律师之时，各类诉讼案件，包括离婚继承、杀人强奸、贪污贿赂等，也见过不少、办过不少。重新体验做诉讼律师，尤其是刑诉律师，真的让我对律师这个职业的理解不忘其“初心”！

不遗余力地维护当事人的合法权益，乃律师之天职，法定之义务，这是律师制度设计的初衷，这是律师职业存在的价值。

意识不到这一点，不去践行这一点，不能维护这一点，不能保障这一点，这一制度设计的本意便无法实现，这一职业存在的意义便不能体现。尤其是律师参与诉讼，特别是参与刑案，这一初衷与价值更加彰显。

正如最高人民法院党组副书记、常务副院长沈德咏在他的《我们应当如何防范冤假错案》一文中所指出的："这一制度设计，就在于与控方形成一种诉讼对抗关系，防止对犯罪的指控成为一种潜在的犯罪认定。""现代的诉讼构造，为防止一边倒，通过立法安排了刑事辩护这样一种对抗力量，从而形成了诉辩对抗、法官居中裁判的诉讼格局。"

律师作为检、辩、审三方之一方，不可或缺，无法替代，否则公正不存，公平不在。我们的"辩"，尤其是"较真""挑毛病""发现漏洞"，正是律师的业务，更是律师的义务；是律师的职业，乃至律师的天职；是律师的责任，也是律师的使命。其实，这就是律师这份职业的初心！

所以我一直对我们的年轻律师说，每年一定要办一件诉讼案子，尤其是刑事案子，特别是法援案子。在此过程中，你会对自己这份工作的价值理解得更为透彻，你会对自己从事职业的使命感悟得更有升华。

初心是宗旨，是灵魂，是方向，是归宿。这也就是从《华严经》中所解读的"不忘初心，方得始终"！

一个组织有一个组织的创立初心，一个职业也有一个职业的设计初心，一个自我更有一个自我的生存初心。我想进一步分析的是，作为一个自我、一个自然人，初心到底是何？

最近网红的一句话说：爱你所爱，行你所行，听从你心。此心应该是自己的初心吧。初心之心，不是私心，私欲之心；不是贪心，贪婪之心；不是虚心，虚荣之心；不是浮心，浮躁之心。初心之心，也不是心猿意马之心，更不是随心所欲之心。我们皆普通之人，不可能随心所欲，况且孔圣人还在随心所欲之后加上“不逾矩”。由此看来，此心有规矩，此心有标准；此心有核心内涵，此心有本质属性。

古人云：“人之初，性本善。”每个自然人与生俱来的那份东西应该是清纯、应该是善良，于是做一个心地善良之人，才应该成为一个人真正的、真实的初心！

岁末年初，两部电影走红，大家津津乐道——《芳华》与《无问西东》。评价多为好，均言及“善”字。世界很美好，世道很艰难，世俗很强大，可是，最值得坚守的底线仍然应该是善良。正是：善良是人性，善良是本能；善良不求回报，善良无问西东。如泰戈尔言：“世界以痛吻我，我要报之以歌。”如托尔斯泰说：“如果善有它的原因，它不再是善；如果善有它的结果，那也不能称为善。善是超乎因果联系的东西。”如曾国藩写：“为善最乐，是不求人知；为恶最苦，是惟恐人知。”

谈到此处，可以再回味一下苏轼。建中靖国元年正月，苏东坡病逝前两个月，写下一首《自题金山画像》："心似已灰之木，身如不系之舟。问汝平生功业，黄州惠州儋州。"此前所言，苏轼平生功业甚众，可他只念三地——黄州、惠州、儋州。在黄州，他不忍心看到弃婴死去，便成立救儿会，救助一众婴儿；在惠州，他伤心农民因长时间耕种产生的腿疾，便推广新式农具，保护并解放生产力；在儋州，他感叹野蛮遍地，便开办学堂，教育百姓黎民。所以有后人评价说，苏东坡走到哪里，哪里就绽放希望，因为他的心中盛开着善良之花！苏东坡一生，以善良、善念、善意，有善举、善行、善为，是善官、善才，更是善人。

善治不易，善人也难。孔子做过一个比较研究——圣人、君子、善人、有恒者。他说："圣人，吾不得而见之矣；得见君子者，斯可矣。""善人，吾不得而见之矣；得见有恒者，斯可矣。"孔子的时代，圣人尚未出世，于是能见到君子也算心满意足了。同样，善人也难看到，于是能有几个"有恒者"，即始终保持一定操守的人也算不错了！可见，能成为善人，要有相当修为，也属凤毛麟角，也正因为如此，为善、向善、扬善，便成为天下君子努力不懈的方向，立人、达人、成人、美人、善人，也正是君子孜孜以求的境界。

于是对律师而言，应该源于作为一名自然人的善良初心，以作为一名律师的专业素质和职业操守，从最大的善意出发，服务当事人、服务百姓、服务社会。律师的利益建立在当事人合法权益的基础上，没有任何超越当事人权益之上的、脱于当事人权益之外的利益。谋求当事人法外的利益，定为一己之私；置当事人法定权益不顾，必然不是诚信；忽略当事人合法权益的任何部分，也属专业不成。这些都不是作为一个人的最大善意，都不是作为一个律师的最大诚心，也都不是作为这份职业的最大价值。依法、专业、规范、诚信、勤勉地为当事人服务，是人之善、律之诚、职之值的自然之举、必然之果、天然之意。于是，面对种种不确定因素，耐得住磨炼、守得住寂苦、经得起诱惑，意志不衰退、信念不动摇，才能成为一名真正的好律师。

从初心之善或善之初心出发，对自我而言，做人的操守和职业的规范不再是心外的约束、身外的牢笼，皆已成为心之所向，皆能做到顺心而为。从哲学角度而言，从“必然王国”过渡到“自由王国”的境界，才是孔子所言“随心所欲而不逾矩”。如同如今纪委监察委所说“不敢腐”“不能腐”“不想腐”中的“不想”之最高层级；也是我们常说的不是“要我做”，而是“我要做”之主动能级。

本周二受全国律师行业党委的委托，我与全国律协的几位同事冒着零下28度的严寒，飞赴新疆去看望了一位律师，就是“全国道德模范”“CCTV年度十大法治人物”陈贤。《中国律师》微信公众号第二天发布的消息中，有这样一句话：“我要用两年时间，走遍新疆和田地区皮山县 169 个村开展义务法律宣讲活动。刚刚获得新时代‘最美法律服务人’的‘1+1’法律援助律师陈贤握着前来看望她的全国律师行业党委委员、全国律协副会长吕红兵的手激动地说。”

一位安徽律师，不远数千里，来到祖国边疆，辗转藏蒙疆，多年来一直为当地百姓送上法律温暖，这是一种什么精神？在与陈贤交流过程中，丝毫感受不到她的苦与累、艰与辛，她时刻洋溢着一种激情与幸福感，一种奋斗的激情，一种奉献的幸福。她笑着说：“边疆的群众太需要法律了，特别是民法、婚姻法、反家暴法。我讲好法治课，与他们坐在一起，他们因为学到了法律知识而高兴地说着话，而我的眼前就是巍峨的昆仑山，我感到好开心……”

陈贤坦言，自己的初心就是自己的公益梦想。授人玫瑰，手有余香。内心的善良、施行的善举，不只是照亮了别人，也温暖了自己、快乐着自己，内心充满了感动与能量。这不正是善本身给予自己最好的回报吗？在回程的路上，我对大家说，与其说是我们给陈贤律师送温暖，不如说她给我们送上了温暖，这种温暖足以让我们受用一生。

话又说回来，正是《论语》所说，子曰：“性相近也，习相远也。”

后天不同，环境有异，制度变化，机制差别，文化熏陶，人自然会在不同阶段有不同程度的善恶之分，正可谓“靡不有初，鲜克有终”。

因此，我们要塑造并强化让每一个人秉持善、守候善、释放善、弘扬善的文化。以制度性文化的规范和价值观文化的引领，使我们组织中的每一个人向善、好善、扬善，让老实人不吃亏，让好人有好报。善者不求之，却客观能得之。在善念闪现、善举奉行的任何地方、任一时刻，不管是出发时，抑或征途中，还是终点站；不管是十字街头，抑或拐角之间，还是小巷深处，都有福报在等待、在守候。在这个组织中，正气大行其道、蒸蒸日上，邪气无路可逃、荡然不存。邓小平同志早就一针见血地指出：“好的制度能让坏人干不了坏事；不好的制度能让好人变坏。”习近平总书记特别强调：“要激励人们崇德向善、见贤思齐，鼓励全社会积善成德、明德惟馨，培养知荣辱、讲正气、做奉献、促和谐的良好风尚。”[1]我们每个人，持本初之心，以此心相待，不也是“君子务本、本立而道生”！不忘本来，方能开创未来。

前年年会，我讲了“共享”；去年年会，我说了“融合”。以善良之心，则以相交，于是融合；以善良之行，则能相谋，于是共享。

以善为初，以融为体，以享为本，这正是我们走过 20 年、

1 中共中央宣传部：《习近平总书记系列重要讲话读本》，学习出版社、人民出版社 2014 年版。

走过25年的真切总结，也是走向下一个20年、下一个25年的行动准则。

牢记初心，守望初心，践行初心，善始善终，无问西东！

（这是作者2018年2月3日在国浩上海年会上的讲话）

04

我们的融合之道

一年到头，辞旧迎新，此时此刻，对于一个具有一定规模的组织而言，总应该有一个年纪比较大一点的人，“坐而论道”“不厌其烦”，给大家“灌鸡汤”“打鸡血”“敲警钟”。老生常谈，常谈常新；警钟长鸣，余音绕梁。

站在台上，一眼望去，黑压压的几乎是见首不见尾！一个不争的事实是，上海办公室总员工已经接近400人，更不消说整个国浩已逾2000之众；一个不争的事实是，我们的新人，包括新合伙人，更多的来自所外、城外、境外，甚至国外；一个不争的事实是，我们的律师中，80 后、90 后的新生代已占比 45%。

国之大所，浩浩荡荡。海纳百川，方成其浩。正好契合今天年会的主题——融合。融合，强调的是“水乳交融”，而不是“泾渭分明”，当然也不应是“同流合污”，融合也要有标准、有底线。此刻在这个语境中，应运而生的一个词是“志同道合”。合伙制律师事务所，法律上是合伙，工作上为合作，事业上乃合道。

志同方能道合，道合才可行远。

“志”者，乃战国时期文字，可谓源远流长。其从心，意为心之所向。老百姓说“心往一处想，劲往一处使”；领导说要增强“看齐意识，大局意识”……皆含此意。还是一个老词儿说得好——同志。不过，世间变幻快，老词儿含意新。今天不说“同志”，单言“君子”。

同怀君子之志，共行君子之道！也就是说，向君子看齐！

年底有篇文章，叫作《世间如果有君子，名字一定叫胡适》。该文开篇即道：

> 中国文化中最深入人心的人格，便是君子。
>
> 何为君子？君子的标准是什么？我们该怎样做君子？

若求答案，毫无疑问，胡适是一个标杆。

陈丹青说胡适："完全是学者相，完全是君子相。"

唐德刚说胡适："谦谦君子，温润如玉。"

罗尔纲说胡适："我还不曾见过如此一个厚德君子之风。"

钱钟书说胡适："统言之，胡适之品格绝高于鲁迅、蔡元培等。"

胡适此人，之于50后、60后的"老人"而言，无疑过去是个"反面教员"，当然改革开放拨乱反正了许多，我们的认知越发接近真实。不过对人的评价，可谓见仁见智，也非钱钟书上述之比较一言敝之。按下此文不表，大家可以阅之，我只是由胡适引入今天我们的君子话题。

《论语》这本书我粗略统计了一下，总共20篇中有19篇言及"君子"二字，论述"君子"一词逾60处。大家都知道，首篇首句即有"君子"："学而时习之，不亦说乎？有朋自远方来，不亦乐乎？人不知，而不愠，不亦君子乎？"

可不可以这样说，"君子"一词，是很难有定义的，但其内涵却博大精深、丰富多彩。

例如，自我修养。

如“人不知，而不愠”。别人不了解你、不理解你，甚至误解你，不把你当回事，你却也不疾不徐，反而依然彬彬以礼相待，更难能可贵的是反省自我“病无能焉，不病人之不己知也”“不患人之不己知，患其不能也”。于是发其愤、增其能，自我加压、自我修炼。可谓谦谦君子！

回头看看我们身边：总以自我为中心、太把自己当回事，唯己重要、唯我独尊，对己“自由主义”、对人“马列主义”，错误总是别人的、成绩全是自己的，容不下异议、听不得意见……如此“脸谱”，是不是觉得就是有时的你、有时的他、有时的我！孰不知：“躬自厚而薄责于人，则远怨矣。”子曰：“君子求诸己，小人求诸人。”相比之下，其高下可谓分明。

我们每个人，都要常常扪心自问：我是谁？我从哪里来？我到哪里去？知其谁，在其位，谋其事，履其职，尽其能。须知，既无盖世英才，亦未倾国倾城；既非达官子弟，亦非巨富二代。靠不了才华，靠不上颜值，于是只能靠苦干；无资格拼爹，没本事拼钱，于是只能拼命。“动辄耍大牌”“一阔就变脸”“翻脸不认人”“有钱便任性”，皆非君子所为。

“质胜文则野，文胜质则史。文质彬彬，然后君子。”在座的每一位，都要潜心修养自己、修炼本我，并在此基础上强化岗位修养、职业修炼，才能己“能”、人“知”、公认、众服，于是成长、成才、成功、成“仁”。不光成“仁”，还可长寿。昨天13日是中国语言大师周有光先生的111岁生日，他说他的长命百岁之道就是“卒然临之而不惊，无故加之而不怒”。

再如做事实在。

《论语》第一篇第二句就说：“君子务本，本立而道生。”《论语》这本书属于名人名言录，单就本句而言，我们可以将其理解为，君子注重且效力于基础工作，正所谓根深方能叶茂。打基础、抓根本，扎扎实实、兢兢业业，踏地留痕、抓铁有印，方能有进步、有发展。

我们倡导仰望星空有梦，更强调脚踏实地真干。《孟子》有云“修齐治平”，其中“修”为基、“修”为本。亦如《中庸》所言：“君子之道，辟如行远，必自迩；辟如登高，必自卑。”

做事实在则不怕历经磨炼，也就是《孟子》所说的“天将降大任于斯人也，必先苦其心志，劳其筋骨，饿其体肤，空乏其身，行拂乱其所为，所以动心忍性，曾益其所不能”。最近，最高人民法院信息中心发布的司法大数据说，婚期的“七年之痒”已提前为“五年之痒”，即结婚5年内离婚率为最高。那么，大家知道职场的“二年之痒”吗？我专门让人事部作了统计，上海办公室2014–2016年3年中，入职2年的员工离职数为年度离职员工总数的50%。如何克服“二年之痒”，既对我们的年轻人如何耐得住成长的阶段性寂寞提出挑战，也对我们的管理层怎样做好分类指导、因材施教点出课题。

这里我想告诉我们的新生代，当你羡慕你的合伙人在上市酒会上与客户老板举杯相庆把酒言欢之时，更应感知哪个盛大庆典前夜不是挑灯夜战衣带渐宽望尽天涯之长路？当你佩服你的合伙人在法庭之上口若悬河舌战群儒之时，更应懂得哪种风光无限背后没有悬梁刺股苦读案卷独上高楼之孤苦？

做事实在要求言行一致，说到做到，万不可满嘴跑火车、全篇荒唐言。子曰：“君子耻其言而过其行。”“先行其言而后从之。”正是此意。我们要提倡并发扬“老黄牛”精神，埋头苦干、不计得失。在我们的文化中，要夯上一个“实”字、刻入一个“真”字，力戒一个“虚”词、拒绝一个“浮”词。一如《中庸》所言：“博学之，审问之，慎思之，明辨之，笃行之！”

又如事业至上。

《论语》反复说，“君子喻于义，小人喻于利”“君子谋道不谋食，君子忧道不忧贫”。

对于“义”与“道”，可以有多个解释，我们这里可以将其解读为“事业”。我们要处理好事业与金钱的关系。孔子说：“饭疏食饮水，曲肱而枕之，乐亦在其中矣。不义而富且贵，于我如浮云。”他对自己最为欣赏的弟子是这样赞不绝口的：“贤哉，回也，一箪食，一瓢饮，在陋巷，人不堪其忧，回也不改其乐。贤哉，回也！”

君子也爱财，取之亦有道。以不义富贵为耻，或者说不齿不义富贵之人、不屑不义富贵之事，应该成为我们的共识。

在律师执业过程中，砸牌子式的抢项目、不控风险类的做案子、触高压线般的牟利益，无疑是竭泽而渔、杀鸡取卵、饮鸩止渴，无道于同事、不义于集体、有害于同行。而且，覆巢之下岂有完卵，我们每一个人都不可能幸免抽身、独保其身，更不消说利益独吞，一枝独秀。所以，我们每一个律师，尤其是合伙人，都必须不折不扣地执行我们的执业规范与风控制度，守住底线、不逾红线。

我们一定要记住，不要妄想只精挑细选赚钱的大活干。无数的事实证明，没有奉献、不谈积淀，别人连选择的机会都不会给予你。小事不愿干、大事干不着，一事无成，这是市场更是职场颠扑不破的道理。金钱是我们提供服务的对价，但不应成为我们工作追求的目标，在切实维护当事人合法权益的同时，获取一个公允的回报是一个客观的必然结果。

又如与人为善。

“德不孤，必有邻”，“道不同，不相为谋”。为什么我说志同道合要的是君子，因为君子与人为善，君子爱好团结、善于合作，但不拉帮结伙、结党营私。子曰：“君子周而不比，小人比而不周。”“君子和而不同，小人同而不和。”“君子矜而不争，群而不党。”

我们的合伙人，相互之间是一种无限连带责任关系，“合谋”“伙同”是题中应有之义，可谓风雨同舟、荣辱与共，这是合伙律师事务所内在的、必然的、法律上的一种联系，这种关联度不是亲兄弟、胜似亲兄弟。如同《论语》所言：“生死有命，富贵在天。君子敬而无失，与人恭而有礼。四海之内，皆兄弟也。君子何患乎无兄弟也？”

同事之间，不是没有竞争，也不是没有争论与争执，但争而有礼、争而有理。亦如子曰：“君子无所争。必也射乎！揖让而升，下而饮。其争也君子。”《中庸》亦云：“在上位，不凌下；在下位，不援上。正己而不求于人，则无怨。上不怨天，下不尤人。”容得下有能力之人，容得下比自己有能力之人，容得下有不同意见之人，有容乃大真君子，大郎开店皆矮人。

小学读书时，教室的外墙上印有“团结、紧张、严肃、活泼”八个大字，这是毛主席当年为“抗大”（中国人民抗日军事政治大学）题写的校训。毛主席还有一段讲话：“要在党内造成一个又有集中又有民主，又有纪律又有自由，又有统一意见又有个人心情舒畅、生动活泼，那样一种政治局面。”我想，君子之交、君子之谋，是不是也应该是这样一种局面。

同时成人之美。

成人之美，这是中华民族的传统美德。子曰：“君子成人之美，不成人之恶。小人反是。”我的理解，成人之美是君子在与人为善之上的更高一级的内在要求。

孔子说过："夫仁者，己欲立而立人，己欲达而达人。"于君子而言，比较而论，"善人"是基础，"立人"为前提，"达人"乃根本，"美人"成境界。

说到这里，我想起费孝通先生的一句话："各美其美，美人之美，美美与共，天下大同。"其本意说的是尊重文化的多样性，共同繁荣人类文明。然而，如果我们不仅美人之美，而且成人之美，足以表明我们的内心有多么强大，我们的队伍有多么壮大，我们的目标有多么远大！

于是我们每一位同事，可以静下来想一想，在过去的一年中，我们发自内心地为自己的伙伴义不容辞、无怨无悔、不求回报地做了多少好事？同时，我们也可以仔细瞧一瞧，我们的大项目大案子，哪一个不是大家勠力同心、并肩作战拿下！同心，方有共识；共识，才能共进。我一直告诉大家，要消除你输我赢、赢者通吃的旧思维、老习惯，不拆同事之台、多为同事站台、携手同事一起搭台，于是我们才能造就大平台、才能好戏连台，才能双赢、多赢、共赢。

当然坚持原则。

不要以为君子都是老好人，其实君子是相当坚持原则的。例如，"君子周急不继富"，用现在的话说就是，君子只雪中送炭，不锦上添花。

君子有自己厌恶甚至憎恨之事，如“恶称人之恶者，恶居下流而讪上者，恶勇而无礼者，恶果敢而窒者”。君子不仅心直，而且口快，敢说敢言，不留情面，就像子贡所说“君子有三变：望之俨然，即之也温，听其言也厉”。之所以如此，孔子分析道“君子不重则不威”，“君子坦荡荡，小人长戚戚”。

因此，我们在一起，彼此就应该坦坦荡荡，讲实话、办实事，见贤思齐、嫉恶如仇。不要想着在每一个人面前都当好好先生，也不要想着在每一件事面前都处处逢源。对此，孔子早就有深刻的阐述：“众恶之，必察焉；众好之，必察焉。”而应当是“乡人之善者好之，其不善者恶之”。孔子又说：“唯仁者能好人，能恶人。”唯恐大家不解其意，孔子补充道：“乡愿，德之贼也。”我们平时常常说“人缘”二字，好与不好，是不是应该有一个准确的理解与辩证的认识？

和谐不是和稀泥，和气也要有分寸，和睦不能无原则，和蔼绝非只说好。

正因为讲原则，君子是不好“糊弄”的，孔子早就观察入微，描述至细：“君子易事而难说也。说之不以道，不说也；及其使人也，器之。小人难事而易说也。说之虽不以道，说也；及其使人也，求备焉。”这句话，对我们做管理者、当合伙人，可谓“秘籍”啊！

最后敢于担当。

说到君子，往往使人想到谦谦君子、文弱书生。其实也不尽然，就算如此也属外柔内刚。“可以托六尺之孤，可以寄百里之命，临大节而不可夺也。君子人与？君子人也！”这是多么高大的形象啊！这种担当源于其内心之强大：“君子道者三，我无能焉：仁者不忧，知者不惑，勇者不惧！”

说到担当，今天我们不讲社会责任，也不论法治中国，还是从小处说起、从小处做起，那就是对自己所从事的这份工作应有担当。

这份工作，犹如衣食父母，对此我们要有敬畏感、责任感。大家今天提到的“工匠精神”，此前提为何？敬畏与责任也！没有敬畏，何来战战兢兢、如履薄冰、如临深渊，倾心投入；没有责任，怎能仔仔细细、如切如磋、如琢如磨，全力以赴。在我们的工作中，万万不可蜻蜓点水、浮光掠影；凑合应付、草草了事；谎话连篇、欺上瞒下。平时你负工作，最终工作负你；今日你对工作不担当，明天工作也不担当你。做好本职工作、干好份内之事，完成交办任务、切实履行职责，这就是基本的、首要的担当。

博大精深的君子品格远不止于此。今天我们或许只见树木不见森林，但寄希望能够窥一斑而知全豹。

此前我们提到胡适。据说胡适还讲过一句话：“一个肮脏的国家，如果人人讲规则而不是谈道德，最终会变成一个有人味儿的正常国家，道德自然会逐渐回归；一个干净的国家，如果人人都不讲规则却大谈道德，谈高尚，天天没事儿就谈道德规范，人人大公无私，最终这个国家会堕落成为一个伪君子遍布的肮脏国家。”

有考说这不是胡适说的，但不论如何，这句话有其深刻的时代背景。在一个无法可依、有法不依的社会，只靠道德显然无济于事；而在一个法治国家，反而更应该弘扬道德。有句老话说得好：“法安天下，德润人心。”“法律是准绳，任何时候都必须遵循；道德是基石，任何时候都不可忽视……法律是成文的道德，道德是内心的法律。”[1]

对于我们这个集体而言，一方面，我们要进一步健全规则，完善制度，在形成治理规章体系的基础上，与时俱进地改、拾遗补缺地立、坚持不懈地行。另一方面，我们要弘扬并践行道德规范，加强文化建设，树立正形象、传递正声音、释放正能量。孔子说，君子不仅“怀德”，而且“怀刑”。法德并行，以德施法，以法扬德，于是我们的事业就能长治久安、永续前行。

“君子义以为质，礼以行之，孙以出之，信以成之。君子哉。”这是对“君子”更为贴切的阐释。

《论语》中还有一句非常深刻的话叫作“君子不器”。这

1 《习近平在中共中央政治局第三十七次集体学习时强调　坚持依法治国和以德治国相结合　推进国家治理体系和治理能力现代化》，载新华社，2016年12月10日。

句话是可以写一篇博士论文的。《周易》说："形而上者谓之道，形而下者谓之器。"用今天的话语体系来说，借用高晓松所说的他的妈妈的表达方式，可以这样娓娓道来：君子不关心坛坛罐罐、花花草草，也不会在乎狗血和苟且，他的心追求的是诗、论语和远方……

昨天万科，续写神奇；今天王石，依然网红。前几天王石在演讲中说，"走大道""傍大款""合伙人奋斗"。其中就说："万科坚持着万科文化，不会因为狼群的攻击而改变。"同样，我们要营造以向君子看齐为主要内容的文化，并使之成为我们的核心竞争力和强大战斗力。那就是，养成君子，作为我们的行为准绳；摒弃小人，成为我们的做人底线。

践行君子之道，重在知行合一。不要为自己寻找不追求优秀的借口，而应当让优秀本身成为我们做人为事的习惯。孔子说："仁远乎哉？我欲仁，斯仁至矣。""譬如为山，未成一篑，止，吾止也；譬如平地，虽覆一篑，进，吾往也。"

去年的年会，我讲了一个我们的"共享之道"。今天我们的主题是"融合"，于是，这就是我们的"融合之道"吧！

一路（16）走来，有你同行；不忘初心，一起（17）共进。做君子，行大道！

（这是作者 2017 年 1 月 14 日在国浩上海年会上的讲话）

05

我们的共享之道

今天大家的发言都很好。很受感触、很有感慨，不仅动容而且动心！各位用得比较多的是这么两组词汇：高度、梦想、情怀、大我；平台、机会、资源、品牌。

我也想从与上述两组词汇有关的一个词儿说起。过去的一年，这一个词儿特别“热”，就是“共享”。

2015 年 10 月 29 日，党的十八届五中全会审议通过了《中共中央关于制定国民经济和社会发展第十三个五年规划的建议》(以下简称《“十三五”规划建议》)，首次提出创新、协调、绿色、开放、共享的五大发展理念。

由“共享”谈到“分享经济”。在《中国共产党第十八届中央委员会第五次全体会议公报》和《“十三五”规划建议》中，“分享经济”首次被提出。作为互联网时代“新经济”“新商业”形态，“分享经济”就是公众通过社会化网络平台，分享各自所拥有的闲置资源，帮助其他有需求的人完成消费。这种全新的商业模式正在改变传统的经济模式，并影响和改变着传统的消费观念。

其实，不觉间，分享经济正在与人们的日常生活如影随形。如 Uber，如滴滴快的，以及提供房屋租赁服务的 Airbnb、提供汽车租赁服务的 Zipcar、提供联合办公的 Wework，正是分享经济的标志性代表，这些企业的核心公式就是——过剩产能 + 共享平台 + 人人参与。

说到分享经济，不能不提及被誉为美国分享经济鼻祖、Zipcar 创始人的岁宾·蔡斯。1999 年，作为一名普通家庭主妇的她，正为买不买第二辆车发愁。她的丈夫每天一早开车去位于郊区的办公室，车停在停车场，直到晚上才开回家；而留在家里的蔡斯需要照顾三个孩子，几乎天天有用车需要。一方面是闲置一整天的车，另一方面是时刻的用车需求，蔡斯灵光闪现，决定搭建一个贯通闲置的车与用车需求的平台，于是 2000 年年初，Zipcar 正式上线。13 年后，Zipcar 在美国、加拿大和英国已拥有 76 万名会员和 1 万辆汽车，特别值得注意的是，这 1 万辆汽车是会员本来就有的，蔡斯并没有像传统汽车租赁公司那样，花巨资、多置车。

目前，Uber 已覆盖全球 60 个国家和地区的 310 个城市，估值已达 500 亿美元；Airbnb 拥有的租赁房间也远超希尔顿这样的国际酒店巨头，其估值也已突破 250 亿美元。在我国，分享经济方兴未艾，连海尔这样的传统制造业企业，也与时俱进调整经营模式。例如，海尔每天在国内要运送不计其数的洗衣机、电冰箱，公司于是就开发了一个在线平台，每天发布送货计划，当地居民都可以自由竞标，来实施送货，这种外包方式让公司节省了不菲的开支。

分享经济的基本要素是人人参与，而人人参与的前提是信息对称。于是这就要求开放——信息的开放、数据的开放、资源的开放。没有开放，供给不明确，需求不知道，优势在哪里，互补无从谈。

开放能够产生互动，互动可以触发创新。最近有一本书很流行，是凯文·凯利的新作《必然》。凯文·凯利被尊称为"硅谷精神教父"，他写过三本书，个个红，本本神。1994 年出版的《失控》预见的 Web2.0、比特币、P2P、社交媒体，现均一一实现。目前正在兴起的"云计算""物联网"也可以从中找到相关影子。2011 年出版的《科技想要什么》创造了"技术元素"这个流行词。《必然》是作者的第三本书，以生物学的独特视角，提出了“未来商业科技”的十二个主题词：形成、知化、流动、屏读、使用、共享、过滤、重混、互动、追踪、提问和开始。

在凯文·凯利的眼中，科学未必增长我们的知识，而是增长了我们的无知；科学包含一个悖论，每个答案都会孕育至少两个新问题。在此情况下，人的知识与问题的数量都以几何级数增长，而后者更快速。能生成答案的技术将继续得到重视，而答案变得廉价，问题将变得更有价值，提问将比回答更有力量，那些能帮助我们生成问题的技术将获得更多青睐。由此可见，这就是提问的效果，互动的魅力，开放的功能。

当然，开放本身有一个前提，那便是信任，信任是共享的心理因素前提。分享经济在法律关系上体现为“不求所有，但求所用”，正如凯文·凯利所言，在“流动”的时代，使用权会逐渐替代拥有权，“对事物的使用显得比占有更为重要”。蔡斯的解释是：“人们曾经认为，共享的潜台词是脏乱差，认为出租自己的汽车会让它变得面目全非，这样的事情确实会发生，但它毕竟是极少数。”可见，在分享经济中，没有信任，难有对所有权信息的开放，也说不上对所有权资源的共享。

“信任”一词，我们天天都在用，几乎不绝于耳，但其本质是什么？往往我们对其熟视无睹，或视而不见或听而不闻。电视剧《潜伏》中余则成说过一句话：“信任，是一种滑稽的好感，我求之，却不得之。”曾任央视《东方之子》主持人、《实话实说》总策划的著名学者郑也夫，写过一本《信任论》的书，他对“信任”的定义是“交换与交流的媒介”。

的确，没有互信，难有交流，也无交换，更无交易。

关于信用与信任之意的“信”，在我国可谓源远流长。据专家考证，《论语》中“信”字出现38次，仅低于“知”（116次）、“仁”（109次）、“礼”（74次），高于“义”（24次）、“善”（36次）、“敬”（21次）。孔子一而再、再而三地论述“信”倡导“信”，将之提升到一个人之可否、一个君子之成败、一个政权之存亡的高度。例如，“吾日三省吾身，为人谋而不忠乎？与朋友交而不信乎？传不习乎？”再如，“君子义以为质，礼以行之，孙以出之，信以成之。君子哉”。又如，“子贡问政。子曰：足食，足兵，民信之矣。子贡曰：必不得已而去，于斯三者何先？曰：去兵。子贡曰：必不得已而去，于斯二者何先？曰：去食。自古皆有死，民无信不立”。

以上，说了这么多人物，讲了这么多故事，谈了这么多著作，论了这么多道理，给我们的启示是什么呢？

一、共享与共治

共享的前提是共商、共建，也就是共治。我们要强调“治理”，而不是一般的“管理”。管理更多说的是自上而下，而治理则讲的是上下互动、左右贯通。治理是适应主体多元化的一种方式，主体多元一定带来文化多元，于是我们要接受、习惯文化多元，进而倾听、引领文化多元，从而形成我们的治理规则，也就是多元主体的“最大公约数”，也就是大家的“底线”。我的理解，这个底线要高，比法律底线高、比道德底线高、比一般职业的职业道德底线要高，也就是说，律师职业的底线要高。作为一个关注并践行社会责任的一线大所，我们国浩、国浩律师的底线要更高。这个底线，是我们做事的标准，是我们做人的准则。

关于“底线”，冯仑说过几句很经典的话：社会上有四类人，第一类人是“无追求无底线”；第二类人是“有追求无底线”；第三类人是“无追求有底线”；第四类人是“有追求有底线”，“这是真君子”。冯仑说的“底线”是什么呢？是法治、道德、良心、传统。

所以我在想，我们应该提倡并践行“君子文化”。说到“君子”，有必要再次引述《论语》。

《论语》中，“君子”二字是用得最多的词汇之一。孔子理解的君子是什么呢？“君子怀德，小人怀土；君子怀刑，小人怀惠”“君子喻于义，小人喻于利”“君子欲讷于言而敏于行”“君子成人之美，不成人之恶”“君子周而不比，小人比而不周”“女为君子儒，无为小人儒”“君子坦荡荡，小人长戚戚”。

君子要善于向他人学习。故子曰：“见贤思齐焉，见不贤而内自省也。”甚至孔子对自己的学生也大加赞赏并学习之：“贤哉，回也！一箪食，一瓢饮，在陋巷，人不堪其忧，回也不改其乐。贤哉，回也！”然后，孔子也进一步表达了自己的情怀：“饭疏食饮水，曲肱而枕之，乐亦在其中矣。不义而富且贵，于我如浮云。”

君子要善于“交友”。曾子提出：“君子以文会友，以友辅仁。”孔子也说：“可与共学，未可与适道；可与适道，未可与立；可与立，未可与权。”孔子择友是有选择的：“不得中行而与之，必也狂狷乎！狂者进取，狷者有所不为也。”

君子要做人为“仁”。孔子说：“克己复礼为仁。一日克己复礼，天下归仁焉。为仁由己，而由人乎哉？”他的学生曾子更是挥发道：“士不可以不弘毅，任重而道远。仁以为己任，不亦重乎？死而后已，不亦远乎？”

从专业层面，我们国浩律师的定位应该是“学者律师”，而在人文层面，我们的定位应该是“君子律师”，谦谦君子、坦荡荡君子、家国情怀君子。

郭广昌在2016年复星新年晨会上有一个讲话，说的是复星合伙人计划。他说，“世界上效率最高的组织里面：一种组织叫军队，是自上而下、命令式、绝对服从、效率优先；另一种同样效率非常高的组织就是宗教，虽然没有铁的命令，但大家都在自觉自愿朝着一个目标去做。我们的合伙人要有军人的那种素质，要有高效的执行力；同时，对复星的愿景、事业又要高度地认同、信任，并充满热情”。

同样，我们的合伙人首先要对自己的文化、对自己的核心价值观、对自己的“底线”高度认同。这种“文化”，就是余秋雨先生定义的“一种变成了习惯的精神价值和生活方式”。只有如此，我们才能“志同道合”，我们才能有效率、有执行力，才能攻无不克，战无不胜！

二、自强与强强

在共享的背景下，人人参与体现为合意、合作。合意也好，合作也罢，这里的人都应是满足做人与做事“底线”的人，都应是自强之人。在自强前提下，才能有强者间的对话，才能有强与强的合作。

现在中央提出“供给侧结构性改革”，其实我们每一位律师都要思考自己的“供给侧结构性改革”。我能提供什么样的法律服务，而且这种服务是独特的、稀缺的、具有一定程度上不可替代性的。高手过招，于无声处，胜负已决。我们每个律师，都要有自己的过人之处。或“颜值”？或能力？当然是“颜值”

加能力。而且，不是一般的外在的“颜值”，而是特殊的内在的“气质”，主要看“气质”！每个人要有“一剑封喉”的“独门秘籍”，不是“大而全”“万金油”“三板斧”，而是“一指禅”“回马枪”“拖刀计”。

互联网经济下有个词，叫“痛点”。企业流行“痛点思维”，就是紧密围绕用户体验中的困扰、烦恼和短板，将“用户至上”的理念真真切切地贯穿到产品研发、生产与销售等各环节。同样，我们每个律师，要到市场上、到客户中去找痛点。我给大家讲过“洗衣机洗土豆”的故事，这是20世纪末我们在海尔做H股项目时，张瑞敏董事长亲口讲的。他说甘肃农民客户反映洗衣机“一洗土豆就坏”，他们并未一笑置之，而是推出了适合农村市场、能洗土豆地瓜的洗衣机。其实这就是对痛点的敏感与重视。研究痛点，可以为我们实现“供给侧结构性改革”找到切入点，对症下药，药到痛去。

目前我国经济上的“供给侧结构性改革”有“五大重点任务”。同样，我们法律服务的“供给侧结构性改革”是不是也有“去产能、去库存、去杠杆、降成本、补短板”问题？例如，“去产能”与“去库存”问题。我们在天天喊“忙”“人不够用”的同时，要静心琢磨，我们每个人的潜能有没有充分发挥？我们团队的集成效果有没有充分发挥？我们合伙人之间的合作优势有没有充分发挥？这三个“充分发挥”问题，就是效率问题，去产能、去库存就是要提高效率，而提高效率就是挖潜、分享、合作。

再如“去杠杆”问题。在律师业务发展的一定阶段，机遇因素、关系因素、“先发优势”因素等，都可能构成我们发展的“杠杆”，这个杠杆可以撬动更大的市场，达到事半功倍，实现瞬间做大。但问题在于，这些杠杆因素并不可能持久。大家有没有看过一部电视剧，叫《悬崖》，主人公周乙一直说一句话：干我们这一行的，始终处在最危险的悬崖之上，运气不可能总是眷顾于你！因此，我们要有“悬崖”意识，期待“运气”帮忙，但不靠“运气”取胜。

又如“补短板”问题。这是我们一个永恒的主题、持续的课题。我们每一个人都要扪心自问，我的短板是什么？我的短板如何补？以己之短，无以益人；以己之强，强强嫁接。所以我说，强强的前提是自强。“强身健体”，既要有绵绵用力、久久为功的韧劲，也要有立说力行、立竿见影的狠劲。从我做起，从现在做起，并持之以恒。常立志不如立长志。

上周我在武汉出差的时候正逢天降大雪，恰观“一树寒梅白玉条”的美景。宋代诗人卢梅坡写过一首《雪梅》：“梅雪争春未肯降，骚人阁笔费评章。梅须逊雪三分白，雪却输梅一段香。”于是我在想，我们要有“梅律师”，要有“雪律师”，各有其白，各有其香，均有其强，均呈其强，于是相映成趣，相得益彰，强强匹配，自成华章。

三、为我与为人

国浩人要有一种“人人为我，我为人人”的价值取向，并使这种观念指导自己的实践，从而成为一种习惯、一种文化。“为我”不仅不能“损人”，而且还要“为人”，每个人都如此想、这般做，于是人人也“为我”，人人皆“无私”，从而是“我们”和“咱们”。

最近我在学习老庄哲学。老子对“无私”是有深刻的论述的，我们常说“天长地久”，可为什么呢？老子说得好：“天地所以能长且久者，以其不自生，故能长生。”他继续引申道：“是以圣人后其身而身先，外其身而身存。非以其无私邪？故能成其私。”“无私”则“不争”，“不争”应“若水”。老子说：“上善若水。水善利万物而不争，处众人之所恶，故几于道。居善地；心善渊；与善仁；言善信；政善治；事善能；动善时。夫唯不争，故无尤。”老子继续阐述“争之无益”的观点：“曲则全，枉则直，洼则盈，敝则新，少则得，多则惑。”“不自见，故明；不自是，故彰；不自伐，故有功；不自矜，故长。夫唯不争，故天下莫能与之争。”如何做到“不争”，按老子理论，要“知”且“守”。他说“知其雄，守其雌，为天下溪”“知其白，守其黑，为天下式”“知其荣，守其辱，为天下谷”。

如今，我们已处在“互联网”时代。互联网的本质是“利他”，“利他”就是“为人”，也就是老子说的“无私”。互联网时代“利他主义”大行其道，马云的观点最具代表性。他在演讲中，反复说这样一段话：“考核我们是否成功的一个重要因素，不是我们自己有没有成功，而是我们的客户因为我们有没有成功。当然你能够做到一起成功是最好，但如果二选一，必须放弃，那你就要放弃自己的利益，让别人先成功。”“Data 技术的核心，就是利他主义，相信别人要比你重要，相信别人比你聪明，相信别人比你能干，相信只有别人成功，你才能成功。”不光中国企业家，外国企业家也是如此。稻盛和夫也说，“利他”在一个人心中所占的比例，即人格。同样，“大我”在我们心中的比例，代表人格之高低。

互联网时代已经成为当今世纪的一个常态，“利他主义”已经成为互联网时代的一个趋势。最近网上流行一篇文章，叫作《永远不要与趋势为敌》。孙中山有句话，“天下大势，浩浩荡荡，顺之则昌，逆之则亡”，其实，这说的也是趋势的力量。网上还有一段话，也有一定的道理。说的是“这个时代最悲催的事情就是，你努力，但你不在风口上；你聪明，但你不在潮流中；知道趋势，意味着你已经胜利在望”。

当然，“利他主义”的确立与施行决非一朝一夕，要靠我们内心深处的“同理心”将其“养成”。在这里，我想给大家介绍一本书，美国当代著名思想家杰里米·里夫金所著的《同理心文明》，这是作者继《第三次工业革命》《零边际成本社会》后的又一部力作。

里夫金在《第三次工业革命》一书中提出："任何新的伟大的经济范式都需要三个基本元素：传播媒介、动力来源、运输机制。"在19世纪，印刷术、电报、煤炭、蒸汽机和铁路催生了第一次工业革命。在20世纪，电力、电话、广播、电视、石油等，为第二次工业革命的基础设施建设创造了条件。而新的"通信、能源、交通矩阵"正带来第三次工业革命。这次席卷而来的大革命，不仅催生新的经济范式，还将整个地球转变为一个人类依存度更高的大家庭。这也就是我们现在常说的"人类命运共同体"，也正如习近平总书记在第二届世界互联网大会上所言，互联网使得各国人民"鸡犬之声相闻"，不再会"老死不相往来"。[1]

里夫金认为，在这样一个新的历史时期，孔子"仁"的思想将成为凝聚人心的重要指导准则。"仁"让人们逐渐明白，人与人、人与自然是一个整体，共同生活在同一个地球上，一些人的福祉最终取决于其他一些人以及其他物种的福祉。孔子使人相信，人类个体的自我发展取决于能否促进他人的发展，也就是他著名的那句话："己欲立而立人，己欲达而达人。"

1 《习近平：互联网让世界变成了地球村》，载新华网，2015年12月16日。

于是里夫金进一步论述到，儒家倡导的“仁”，就是一种“同理心”思想。有弟子问孔子：“有一言而可以终身行之者乎？”孔子答曰“恕”。这里的“恕”，与作者论著中的“同理心”异曲同工。其实，“己所不欲，勿施于人”，就是“同理心”。在一个社会中，“同理心”作用越显著，人类个体越是受到尊重；只有将“同理心”拓展到他人，我们每个人才能保障自己的权利；只有尊重和重视他人，我们才会受到他人的尊重和重视，这是人之权利的内在精神。将我们的同理心拓展到全人类以及其他所有物种，是建立和谐生物圈的必由之路。

里夫金从全球意识与和谐世界的大格局中倡导“同理心文明”，同样，我们在集体、平台、品牌、资源、分享的这些概念下，更要践行“同理心文明”。同理心是发乎人心深处的因素，触动之，并发扬之，光大之。如果人人如此，则一片祥和，共享和谐。

新年刚过，吴晓波的作品《本命年》在手机上很红。我也注意到我们有些律师在转发，或许也是同“命”相怜，有感而发吧。吴晓波写道：“第一个本命年，你是一个少年，对世事懵懂不知而无所畏惧。”“第二个本命年，你是一个青年，开始任性地决定自己的命运。”“第三个本命年，你还是一个青年，却觉得时间已成为敌人，你开始变得迫不及待。”“第四个本命年，你已是无所不知、无所不能的中年人。你如蚕一样吐出了很多的丝，它们终于将你包裹，让你自成宇宙，动弹不得。”

在辞旧迎新之际，我们每一位同事，是不是都回首、回味一下自己已经走过的第一个、第二个，或者第三个，甚至第四个本命年。如果重新来过，我们会走得更好，然而道路不可逆，时光不回流。而每一次经过，都是历练；每一个错误，都是财富。于是我说，当如我一般到了第四个本命年的时候，“看破不说破”“不争与时争”。看破，是人生的经历使然；不说破，是生活的练达所致。不争，是不与人争，共享与合作，是一份淡然；与时争，则是只争朝夕，创新与发展，是一种奋力。

“凡是过去，皆为序章。”我们的发展前后相续，过去的努力已让我们有许多“获得感”，我们已经“成长”；而今天的奋斗将成就明天的辉煌，我们正在“成长”，而且永续“成长”！

（这是作者 2016 年 1 月 30 日在国浩上海年会上的讲话）

06

我们应有的高度、温度与厚度

国浩上海办公室的年会历史悠久，其实我们年会上半场是年度工作总结大会，下半场是全体员工联欢晚会。刚才管委会对去年工作总结与今年展望作了具体的报告，接下来我就一如既往地、年复一年地讲点“虚”的。

每年都说，讲了10年了吧。如2006年我讲的是国浩的“品牌建设”，2007年讲的是“和谐国浩”，2008年讲的是“国浩是个大平台大舞台大学校”，2009年讲的是“国浩发展要不动摇不懈怠不折腾”，2010年讲的是“国浩的社会责任”，2011年讲的是“国浩的包容性增长”，2012 年讲的是“国浩的风险控制”，2013 年讲的是“国浩的思与爱”，去年则讲的是“中国梦与国浩梦”。

与大家“集体谈话”也好，向大家“警钟长鸣”也罢，给大家“心灵鸡汤”也行，那么，我今年就讲一讲“我们的高度、温度与厚度”吧。

一、高　度

年年年会，今又年会；今年年会，华尔道夫。黄浦江对面，是著名的上海滩“三大神器”，其中上海中心的高度达到了632米。其实我们在那里战斗了 15 年的南证大厦，曾经也是浦西最高楼。我们站在 45 楼、46 楼的窗前，可以看到黄浦江上穿梭往来的轮船。半个月前，我们搬到了嘉地中心，大楼虽然更高，我们的楼层却低了不少，看不到黄浦江的水面，只能见到南证大厦的土豪金在夕阳下闪亮。不过，我们心中的高度却并不应该因此降低！

于是，今天我的讲话从高度说起。

高度决定眼界，眼界主导格局，格局决胜未来。

这种高度，就是在鸡毛蒜皮、柴米油盐的事务中，去粗存精，时刻准备，伺机而动。

这种高度，就是在众声喧哗不知所云的嘈杂中，一语中的，独树一帜，曲高和众。

这种高度，就是在错综复杂波诡云谲的局面中，冷静审视，把握实质，抓住胜机。

这种高度，就是在屡遭挫折备受打击的困境中，越挫越奋，背水一战，梦想成真。

第一种情况，说的是在自我状态下，要慎独，有准备，谋大局。

第二种情况，说的是在众人状态下，要清醒，不盲从，有主见。

第三种情况，说的是处于纠结时，要睿智，敢亮剑，求胜出。

第四种情况，说的是遭遇困难时，要坚强，不抛弃，不放弃。

在这里，我想举马云的例子，人虽矮小，其事业高度无人可及，其财富高度前无古人，可是其精神则“可复制、可推广”。在今年冬季达沃斯论坛上，美国知名节目主持人查理·罗斯对话马云。马云说，他高考失败 3 次，考重点小学失败 2 次，考中学失败 2 次；申请工作 30 次，全部失败，其中考警察，5 人申请，4 人通过，唯不过者乃马云；肯德基招聘，24 人报名，23 人入职，唯未被录者仍是马云；申请哈佛大学 10 次，全部折戟沉沙。

几乎极少又少者能如马云一般，屡战屡败，却屡败屡战，终获如此成功！如果没有梦想的高度，则难有执着的信念，便不会有坚韧的力量，自然最终难成大器。

作为律师，我们要站在事业的高度对待我们赖以谋生的职业，在服务国家发展的进程中实现自我的人生价值，将个人的梦想成真建立在中国梦的实现基础之上。

我始终讲，律师既是个职业，还是个专业，更是个事业。这个事业就是《律师法》所说的“维护当事人合法权益，维护法律正确实施，维护社会公平和正义”。

我们在以自己的法律专业为当事人提供法律服务、收取律师费用的时候，心中要始终有根弦，那就是我们正在做着维护法律正确实施的神圣工作，在这个过程中，我们要实现职业、专业、事业三者的高度统一、完美融合。这样，我们才能注重学习、专业取胜，才能头脑清醒、保持独立，特别是在金钱诱惑、人情交织、利益驱动的复杂局面下，要守住法律、行规、道德的底线。

可以说，这是我们的事业高度要求我们的“底线”，正可谓“不畏浮云遮望眼，自缘身在最高层”。其实，我们的事业高度还赋予我们以“标杆”，这正是“欲穷千里目，更上一层楼”。于是，我们要琢磨、思考并践行，通过我们的服务，透过我们的个案，经过我们的提炼，达到我们事业高度的“标杆”，那就是推进立法、完善法治。

在这方面，近有宣律师，远有施律师。上海办公室宣伟华律师，在办理大庆联谊虚假陈述民事赔偿案中，不仅为当事人打回金钱，而且挑灯夜战写了一本前无古人、后者借鉴的专著，特别难能可贵的是，推进最高人民法院出台有关股票发行虚假陈述民事赔偿的司法解释，并进一步推进证券法的完善。所以我一直说，一个案件、一本专著、一个规则、一个法律，宣律师在办案中，从做业务到做立法，实现了律师职业的事业性升华。

成都办公室施杰律师，在办理一件因醉驾引发的民事赔偿案件中，以高度社会责任感和敏锐的专业眼光，提出了“醉驾入刑”的建议，并通过担任全国政协委员的身份提交提案，几经努力，终获法定，他因此当选当年的“中国法治人物”。一个案件，一个提案，一个立法，一个人物，这正是施杰律师的职业与事业轨迹。

《民主与法制》主编刘桂明在第二届“国浩法治论坛”上演讲指出，律师在民主立法方面，要通过“个案”“要案”发现立法中的问题，在此基础上形成“教案”，传道授权解惑，要形成“文案”著书立说，最后通过“提案”参政议政、建言献策。这一体现高度、参与立法、推进法治的路径，在宣律师和施律师身上已经得到检验，应当为我们的律师们传承并光大。

国浩，是一个律师执业的大平台，更是一个奉献法治的大舞台。我们已经参与过诸多有关证券法、公司法方面的个案、大案、名案、要案，为证券法、公司法的制定和修订作出过有益的贡献。今日乃至未来，必须再接再厉，“愈演愈烈”，这是使国浩始终领先于资本市场法律服务前列的重要举措，同时也将实现江平先生所说的，律师不仅要做好“服务之道”，而且更要做好“治国之道”。我想，这应该就是我们的高度！

二、温　度

我想说的第二层意思，也是想通过外滩说开去。去年的最后一刻，在离我们今天会场不足一公里的陈毅广场，发生了踩踏事件，36 条鲜活的生命瞬间逝去，令人唏嘘！我作为市政协委员和律师代表，以市政府调查组专家组成员的身份，参与了调查报告的制作过程。录像资料显示，2014 年 12 月 31 日 23 时至 23 时 35 分，在外滩风景区聚集了 31 万人，人流如织、比肩接踵、人头攒动、熙熙攘攘等所有的成语都不足以形容此时的景况，我只能用“潮水般”来形容。于是，潮水泛滥，酿成灾难。

有一句话说，没有一滴水滴，认为是自己造成的水灾。其实，正是滴水成溪、小河汇江，于是一发不可收拾。同样，也没有一个人，认为是自己形成了大人流并酿成拥挤踩踏。其实，也正是人人成众，众人为群，于是一拥而上上下对冲导致灾祸。

事发几日后，《文汇报》刊登了一篇小文章，叫作《热闹与孤独》，我在这里读一下。

那年，我们几个大一的学生，从静安寺一路走到外滩，寒风中等待新年倒计时。三……二……一！现场一片欢腾，人们互相祝福拥抱，世界如此美好。

接着是大撤离。小伙伴各自随人流散去，像退潮时的小鱼。为了争夺一辆出租车，刚才还热情拥抱的人们开始推搡、辱骂、打架。我只得一路走回家，无数载客的出租车从身边呼啸而过，一张张疲惫的脸。

从此不喜欢往热闹的地方去。人山人海，人潮涌动，身不由已，让我恐惧。逝者和伤者，大多是年轻人吧。唯有青春无畏，才会在天寒地冻的夜晚外出狂欢。压力山大的白领，身在异乡的学生，难得相聚的情侣，或追求刺激或排遣孤独，抱团取暖，不过是为了让生命记住这一刻。

外滩有多热闹，这城市就有多孤独。

这一刻，36条生命冷却了。2014是他们跨不过的年。

有太多的震惊和反省。原来乐极亦生悲，原来死生一线间。

愿这黑暗的一夜教会我们珍惜。

这篇文章写得很好！我的感受是，我们每个人，都要思考自我与他人的关系，即“我与你”；都要琢磨自我中的精神与肉体的关系，即“灵与肉”。思考明了，琢磨透了，于是我们燃烧自己，温暖他人，做一个“暖男”；于是我们幸福自己，成就他人，做一个“雷锋”。正可谓“赠人玫瑰，手有余香”，也可谓“夫仁者，己欲立而立人，己欲达而达人”。

我还是说一说“马语”——马云说的话。首届世界互联网大会去年年底在乌镇召开，马云预言，“一百年以后去看，一定是以我为中心变到以他人为中心”。他又说，“IT 时代到 DT 时代，最小的标志是你的思想，如何帮助别人成功”……“DT 技术，Data technology 即数据处理技术，核心是利他主义，即相信只有别人成功，你才能成功。”

在当今这个社会，尤其是互联网使社会各个组织和个体之间的互联度越来越高的时候，我们每一个人，如果想与他人不发生任何关联，事不关己高高挂起也好，世风日下唯独善其身也好，都几乎变得不可能。社会系统越发与生态系统趋同。其实，达尔文早就讲过一个有趣的故事，在看似毫无关联的两个事件之间，竟然存在不可思议的紧密关联。这个故事说的是，英国的未婚女性数量与牛奶的产量之间的关系，是成正比的。

这是一个生态链的概念。英国的未婚女子喜欢养猫，猫越多，田鼠越少，而田鼠特别爱吃一种野蜂的卵，田鼠少了，野蜂的卵就多了，野蜂如蜜蜂一样喜欢采蜜，从而传播的花粉便越多，而花粉越多，牛特别爱吃的一种红杉叶草便越旺盛，从而牛的数量多、牛的繁殖快，牛奶产量剧增。

因此每一个国浩人，都应该成为一个小蜜蜂，在为自己采花蜜的同时，悄悄地回馈它所在的这个环境。小蜜蜂既是大自然的索取者，也是大自然的奉献者。有学者提出，“企业公民”就是要做蜜蜂型企业，相当于在一个六边形的蜂巢里，容纳着股东、员工、消费者、合作伙伴、环境、社会，并相互善待。同样，我们是不是也要做蜜蜂型律所，我们要让合伙人、员工、客户、执业合作伙伴，甚至竞争性合作伙伴、律师圈、监管机构、司法机构，乃至整个社会，相生相存、和谐共长。我们做有温度的人，从而去温暖他人，而整个环境温暖了，我们自己当然不再受凉!

在这里，我想说一说邹碧华的故事。去年 12 月 10 日，上海市高级人民法院副院长邹碧华突然去世，就其影响而言堪称当年我国司法界乃至法律界一件大事。为什么一位法官的离世，会引起如此众多法律人，尤其是律师们的共同缅怀，其实回想他工作的成就，不难找到答案。

邹碧华对律师的尊重，远远超出了对某一位个体律师的关心，其实是对律师职业的尊重、对律师行业的呵护、对律师制度的敬畏。他主导推出的“律师服务平台”，不仅提高了律师的工作效率，而且更重要的是保障了律师的执业权利，从而最终维护了当事人的诉讼权利。邹碧华无论是作为法官还是法院的管理者，总能站在整体的高度，为构建法律职业共同体做着不懈的努力，因为各种法律力量都是为公众输送公平正义的平等一环，唯有珍视这种相生相存的价值纽带，才能凝聚起法律职业共同体之间的最大共识。

从邹碧华身上，我们感受到了一位法律人的温度。这种温度，源于内心，不仅温暖了法官团队，而且传递给了同属职业共同体的律师队伍，还会进一步传染给每一位司法参与者。

三、厚　度

今天我谈的第三个问题，依然从外滩讲起。我们所在的这幢楼，原叫东风饭店，大堂南侧的酒吧，曾经拥有远东第一长的酒吧台，大堂北侧的电梯，依然是古董般的老电梯。这幢楼，是外滩 2 号。在黄浦江西畔的外滩，有 33 幢老建筑，即外滩 1–33 号，美轮美奂，闻名遐迩。历史学家说，1000 年看西安，500 年看北京，100 年看上海。因为外滩建筑群，让上海积淀了厚度；外滩建筑群的主人们的变迁，让上海见证了历史；而与外滩建筑群一江之隔的陆家嘴林立的高楼遥相辉映，将让上海创造未来。

如果说高度是从事业角度讲，温度是从人性角度言，那么这里我说的厚度，则是以文化为视角。

作为律师，我们要使自己厚实起来，丰富起来，丰满起来，而不再单薄，不再单调，不再简单。

厚实可以让人包容，丰富让人更有魅力，丰满让人更加抗压；单薄让人容易刻薄，单调让人常常无趣，简单让人可能受欺。

增加厚度，还是我常说的一句话：读万卷书，行万里路，遇万般人。这里，我重点说读书。读书，要成为习惯；学习，要成为品质；思考，要成为生活。

一年过去了，我们每个人都要盘点一下自己的“年度书单”。说说自己吧，我的习惯是行万里路时读万卷书，一年 52 周，据不完全统计，以平均一周出差一次计，每次出差时阅读一本书，则我去年至少读了不下 50 本书，今天不说法律专业书，说说文学书、艺术书、历史书。

去年上海书展来了奈保尔，一个出生于 1932 年、出生地为特立尼达和多巴哥、属于印度婆罗门家庭、毕业于牛津大学、现生活在英国的文学家，2001 年度诺贝尔文学奖获得者。许多人追捧他的《大河湾》，我却专门读了他的号称很难读下去的《我们的普世文明》一书。在了解作者本人生平基础上潜心去读，定会收获多多。例如他说，“你们愿意人怎样待你们，你们也要怎样待人”，其实这不是“己所不欲，勿施于人”的翻版吗？只是中国文字更加精练。又如他欣赏“追求幸福的美感与美好”，其实这正与习近平总书记所说的“共同享有人生出彩的机会，共同享有梦想成真的机会”不谋而合。可见，人类的普世文明在不同的国度、迥异的民族，也是异曲同工、殊途同归。

去年最红的女作家应该是因为《黄金时代》这部电影而红透大半年的萧红。3个小时的电影，我断断续续到现在也没有看完，可《萧红精品选》这本书我重新作了浏览，而且延伸去翻了翻《鲁迅全集》。

如我这般年纪者，知道萧红大多是从鲁迅笔下，而且与中国革命相关，好像鲁迅隐喻其与萧军名字即为“小小红军”，无形中为“二萧”作了阶级定性。后来，随手翻阅过萧红的小说及有关她的传记，再后来，从一些革命家与文化人的回忆录中知道不少延安时代的萧军逸事。如同战争年代不可分的“朱毛”，现代文学史上“二萧”也成为一个历史记号。有人说萧红的一生“成也萧军，败也萧军”，的确如此。可我另一个感觉更甚，对萧军而言，之所以流芳至今，也“功在萧红”。

在创作这一点上，萧红的确高萧军一筹。胡风便当面直言，萧军写作靠的是用功与刻苦，而萧红凭的是天才与感觉。这是两个境界，军是学胜于才，红乃才高于学。对此，连一向挑剔的鲁迅也断言：“她是女作家中最有希望的一位，她很可能取丁玲的地位而代之，就像丁玲取代冰心一样。”

应该说，对斗士鲁迅的崇拜及与其虽不久但几乎朝夕的相处，使萧红已经触及革命道路，也被列为“左翼作家”，而且她的成名作《生死场》早就归结为抗争旧社会的力作。不过，她更崇尚人性的写作：“作家不是属于某个阶级的，作家是属于人类的……作家写作的出发点是对着人类的愚昧。”从这一角度，作为作家的年轻的萧红更该赢得后来者的尊重呢！

再举一个例子，去年上海大剧院最红火之一的一个剧目是京剧《金缕曲》！大剧院总裁推荐我去欣赏，但我怕看不懂丢人，于是把票送给几位京剧票友去看了。不过，我注意到，戏中配角在历史上比主角顾贞观更为出名，此人便是纳兰，纳兰性德！

一直想读他的词，被赞为“华贵的悲哀，优美的感伤”的“纳兰词”，却屡屡或知难而退，或无暇细品，终于在这个时候一不做二不休！

以下这首《浣溪沙》总是排在“纳兰词”前几位，毕竟这是他怀念亡妻之作，似乎与苏轼同样作品有得一争，不过皆乃传奇作品，同其身世与感情一样传奇，也正是当今戏剧小说电影争相挖掘之缘故！

谁念西风独自凉，萧萧黄叶闭疏窗，沉思往事立残阳。被酒莫惊春睡重，赌书消得泼茶香，当时只道是寻常。

其中信手拈来的“赌书”二字，说的是李清照和赵明诚的典故。二人“每饭罢，坐归来堂，烹茶，指堆积书史，言某事在某书某卷第几页第几行，以中否角胜负，为饮茶先后……”纳兰以此典为喻，表达往日与亡妻有着像李清照一样的美满生活，令人唏嘘不已。而最后一句“当时只道是寻常”，则更是流芳百世，道尽了人世间颠扑不破的那个理儿：失去的，才是最美好！

在另一首同样驰名的《浣溪沙》中，纳兰叹道：“我是人间惆怅客，知君何事泪纵横。断肠声里忆平生。”

以今日语言，纳兰乃典型的“官二代”，其父明珠为康熙之相，可谓官高权重，一言九鼎。而且纳兰年轻英俊，也属“小鲜肉”。不过纳兰竟为惆怅之客，泪流纵横，断肠声声，亦颇为令人费解。然而，考知其虽文采风流，却为皇帝旨为侍卫武官，而且贴身8年，也便理喻其陪君如虎，无能倜傥自己，只得“华贵地悲哀，优美地感伤”了！无怪乎康熙御阅“红楼”，脱口曰“此明珠家事也”，于是纳兰便成了贾宝玉无疑……

于是更加理解纳兰如此喜欢飘洒、飘忽、飘逸、缥缈的雪花，其在那首《采桑子·塞上咏雪花》一词中便道：“非关癖爱轻模样，冷处偏佳。别有根芽，不是人间富贵花。谢娘别后谁能惜，飘泊天涯。寒月悲笳，万里西风瀚海沙。”这首词，梁羽生《七剑下天山》中便全单引之。正是，我化入物，物我合一；超凡脱俗，富贵如土！

其实，我去年读的最多的一本书，还是《论语》。每年都读，几乎每周都读。

《论语》的价值早有定论，自不必说，我这里只想举几个与我们的工作有关的有趣例子。

管建军律师有一著名客户叫弘毅投资，“弘毅”二字便源于《论语》——“曾子曰：士不可以不弘毅，任重而道远。仁以为己任，不亦重乎？死而后已，不亦远乎？”

张兰田律师也有一客户名曰“河图”。《论语》中的：“子曰：凤鸟不至，河不出图，吾已矣夫！”意为，凤凰不飞来了，黄河中也没有显现出河图，我这一生恐怕是完了吧！

北京著名的北辰股份公司，从北京亚运会时就知名，国浩创始人张涌涛律师生前是他们法律顾问，北辰二字，或许出自这一句：“子曰：以政为德，譬如北辰，居其所而众星共之。”

上海办公室王卫东律师有一个著名的名曰“尚德”的客户，其实“尚德”二字亦见诸《论语》。孔子一学生叫南宫适，请教孔子为什么善射的后羿不得好死，而躬耕的禹稷却得天下呢？孔子不答，待南宫适退后，孔子则曰“君子哉若人！尚德哉若人！”

此类例子不胜枚举。如同我们的客户总是在问我们的“国浩”出自《战国策》还是《道德经》一样，当我们对客户的名字出处信手拈来之时，不也使我们与客户刹那间相视一乐，谈笑风生，于是会谈便在亲切友好的气氛中进行了吗！

最后我想说的是，读书，让我们更厚实、更丰富、更丰满。也是《论语》说的，“学而不思则罔”，我们要带着思考去阅读。读书可以提高自我修养，增加人生阅历；还是《论语》说的，“见贤思齐焉，见不贤而内自省也”。同时，我们要学以致用，指导我们的实践，增趣我们的生活，就连与人打交道时也能有一种“谈笑皆鸿儒，往来无白丁”的自我感觉。

阅读，要成为“悦读”；读书，要成为生活习惯。在读书中成长，在成长中读书！对我们的男律师而言，读书，让我们少些霸气、傲气、躁气，多些儒气、灵气、英气，从而温文尔雅，谦谦君子；对我们的女律师而言，可以少些俗气、娇气、怨气，多些大气、秀气、锐气，从而超凡脱俗、优雅大方。

2014 年已逝，大家“蛮拼的”，点赞；2015 年已临，我们更奋力，祝福！

回首马年，驹过隙马当先马识途万马奔腾去；

展望羊年，喜羊羊美羊羊暖羊羊三羊开泰来！

（这是作者 2015 年 2 月 7 日在国浩上海年会上的讲话）

㈡

论道中，

总有

一些理

要讲

•
•
•

07 让律师文化成为事业发展的核心竞争力

中国律师行业历来重视文化建设。早在 2011 年，第八届全国律师协会即成立文化建设委员会。在该文化建设委员会 2012 年度工作会议上，王俊峰会长指出：通过多种形式的文化建设举措，对内激发律师精神，对外教育社会公众，展示律师良好形象，彰显律师职业荣耀。时任全国律协秘书长、现司法部律师工作局局长周院生也强调：大力推进律师文化建设，实现文化立业、文化强业，切实增强律师行业软实力。

2015 年 6 月 13 日至 14 日，全国律协在北京召开"律师事务所文化建设经验交流会"，探讨加强律师事务所文化建设的内容和路径，研究丰富创新律师事务所文化建设模式，致力促进律师职业道德建设、提升律师职业整体形象，旨在实现律师行业的跨越式发展。

如今，律师文化已经成为律师行业规范运作的标配，律师事业蓬勃发展的引擎。文化建设，赖以明方向，定道路，树风气，保久安，“随风潜入夜，润物细无声”。

今天我们在这里，再一次探讨律师文化建设。这是一个老主题，然而是一个新论题；是一个老问题，却又是一个新话题。常谈常新，越辩越明，历久弥新！

一

说到“文化”，古今中外对其定义，可谓仁者见仁，智者见智，横看成岭，侧看成峰。比较统一的，也比较完整的一个定义是这样表述的：

文化是种族的、宗教的或社会的、群体的生活形式。文化由思想和行为的惯常模式组成，是建立在符号基础上的，它包括价值、信仰、习俗、目标、态度、规范等无形生活形式，以及与之相关的体制化的、仪式化的和物质化的有形生活形式。文化是进化的、历史的、社会的产物，是通过后天习得以及先天遗传代代相继的（基因—文化协同进化）。文化有四个层次：

器物层次、制度层次、行为规范层次、价值观念层次。前二者处于文化系统结构的外围，后二者则处于文化系统结构的核心。

于浩如烟海其中，我还是比较喜欢文化大家余秋雨先生的定义，他自己也说，他的定义可能是全世界最简短的：

> 文化是一种包含精神价值和生活方式的生态共同体。它通过积累和引导，创建集体人格。

余秋雨先生进一步解释到，文化是一种时间的“积累”，但也有责任通过“引导”而移风易俗。在这个动态过程中，渐渐提炼成一种“集体人格”。

对此，19世纪瑞士著名心理学家荣格也说：“一切文化都沉淀为人格。不是歌德创造了浮士德，而是浮士德创造了歌德。”他在这里所说的“浮士德”，已经不是一个具体的人名，而是德意志民族的集体人格，也就是德意志文化的象征。这种集体人格早就存在，歌德只是把它表现出来罢了。

二

中国人谈文化，是必然且即刻会谈到中华文化的。有关中华文化的论述，那同样是汗牛充栋、著作等“峰”的。

清华大学陈来教授在他的《中华文明的核心价值》一书中，这样描述中华文化：首先是崇“仁”。《说文解字》这样解释“仁”：“仁，亲也，从人二。”此意为二人之间的亲爱关系，所以一定有两个以上的人才能谈到“仁”。孔子和孟子都强调“仁者爱人”，孟子更把“仁”扩大为“亲亲—仁民—爱物”，仁爱的对象已经从社会伦理进一步扩展到人对自然的爱护。

其次是尊“礼”。孔子强调，“礼”的实践是行“仁”的基本方式。《论语》有言：“君子敬而无失，与人恭而有礼，四海之内皆兄弟也。”其实这是表达了人际关系的和谐。中华文明的“礼”正是以“敬让他人”为其精神，以“温良恭俭让”为其态度的。

很有意思的是，陈来教授进一步论述了中华文明的价值偏好，如责任先于自由、义务先于权利、群体高于个人、和谐高于冲突。像孟子所言“君子自任以天下为重”；范仲淹提倡的“先天下之忧而忧，后天下之乐而乐”；明代士人提出的“家事、国事、天下事，事事关心”；顾炎武倡导的“天下兴亡，匹夫有责”；林则徐则言“苟利国家生死以”；以及“天下为公”“和而不同”等，都充分反映了上述价值偏好。

另一名哲学教授牟钟鉴在其《中国文化的当下精神》一书中则认为：中华民族的价值理想，其最高理念就是中国人所追求的“道”（有道、志道、得道、弘道）；用两个字表述是“仁和”；

用三个词表达是“仁义、民本、贵和”；用四句话来说则为“天人一体、仁爱忠恕、和而不同、礼义诚信”；用五个字概括是“仁、义、礼、智、信”；用六短句讲便是“讲仁爱、重民本、守诚信、崇正义、尚和合、求大同”。

对此，余秋雨先生有自己的独特见解。在《何谓文化》一书中，他把中国文化的特性概括为三个道：其一，在社会模式上，建立了“礼仪之道”；其二，在人格模式上，建立了“君子之道”；其三，在行为模式上，建立了“中庸之道”。

例如“礼仪之道”，就是一种便于固定、便于实行、便于审视、便于继承的生活化了的文化仪式。而“君子之道”是一种改造人格的行为程序，即修身、齐家、治国、平天下。“中庸之道”则是一种整体思维方式，它反对切割而提倡整合、希望清晰却又容忍浑浊、要求结果却也承认过程、知道是非却又肯定转化。

余秋雨先生进而分析：这三个“道”，社会模式、人格模式、行为模式齐全而且组合严整，构成了一种大文化的“三足鼎立”。这尊文化之鼎，既是中国人精神凝聚的理由，又是中国人在地球上的一个重大建树。

中共中央政治局第十三次集体学习会议指出，要“深入挖掘和阐发中华民族传统文化讲仁爱、重民本、守诚信、崇正义、尚和合、求大同的时代价值，使中华优秀传统文化成为涵养社会主义核心价值观的重要源泉”。[1]

习近平总书记强调：“培育和弘扬社会主义核心价值观必须立足中华优秀传统文化。”[2]同样，今天我们说，培育和弘扬中国律师核心价值观，也必须汲取中华优秀传统文化的思想精华和道德精髓。

三

说到律师文化，广义的应包括作为行业的律师文化，以及作为组织的律所文化。狭义的律师文化，则主要是指律师职业文化和律师行业文化，这一文化从时间上而言具有统一性，在空间上则具有完整性，总体呈现出一定的规律性。而律所文化，更侧重于是一种组织文化和行为文化，时间上具有该组织成长与发展的阶段性，空间上具有该组织与众不同的特殊性，总体上呈现为相对的独特性。

加强律师文化建设是律师履行职责与践行使命的必要方式与重要载体。一个具有40年恢复并发展的历史，一个拥有43万成员之众的队伍，一个每年发展速度超过国家经济发展指标的行业，是迫切需要加强文化建设、强化执业精神的！有一句

1 《习近平主持中央政治局第十三次集体学习》，载新华社，2014年2月24日。
2 《习近平主持中央政治局第十三次集体学习》，载新华社，2014年2月24日。

谚语说："当我们走的太快时，要停下来等等我们的灵魂。"另有学者说，"我们的路走得太快太远，但忘了为什么出发"。语重心长、一语中的。律师文化，正是我们的灵魂、我们的精神家园、我们的出发点与归宿点。

从这个意义上讲，律师文化是一种事业的源泉，就像"问渠哪得清如许，为有源头活水来"；是一种开阔的视野，于是"会当凌绝顶，一览众山小"；是一种贯穿始终的红线，犹如缝制"游子身上衣"的"慈母手中线"；是一种品格的修养，就像"山光悦鸟性，潭影空人心"；是一种站位的高度，自然"不畏浮云遮望眼，自缘身在最高层"；是一种目标的引领，一定会"长风破浪会有时，直挂云帆济沧海"；是一种人生的格局，顿时"山随平野尽，江入大荒流"；是一种共同的行为准则，如同"海上生明月，天涯共此时"！

四

我们行业应倡导并践行"忠诚"的核心价值观，这是对中国律师的政治本色要求。忠诚宪法、忠诚党和人民、忠诚社会主义制度，作为"法治工作队伍"的重要组成部分，做好中国特色社会主义法律工作者。

“宪法是国家的根本法，是治国安邦的总章程，具有最高的法律地位、法律权威、法律效力，具有根本性、全局性、稳定性、长期性。”[1]“坚持依法治国首先要坚持依宪治国，坚持依法执政首先要坚持依宪执政。”[2]去年通过的新《宪法》，在第1条第2款“社会主义制度是中华人民共和国的根本制度”后，增加一句，即“中国共产党领导是中国特色社会主义最本质的特征”。

我们行业应倡导并践行“为民”的核心价值观，这是对中国律师的宗旨理念要求。作为不可或缺、无法替代的“法治服务队伍”，应该执业为民、服务群众，切实维护人民群众的合法权益。

最近召开的中央政法工作会议提出了要“尽快建成覆盖全业务、全时空的法律服务网络”。[3]对我们律师而言，“全业务”就是提供法律服务的全面性和充分性。中国律师应该在国家经济、社会、政治、文化、生态文明建设的方方面面，适应并满足各个主体提出的法律服务需求；同时，发挥主观能动性，积

---

1 《习近平：在首都各界纪念现行宪法公布施行30周年大会上的讲话》，载新华网，2012年12月4日。

2 《习近平在首个国家宪法日到来之际作出重要指示强调切实增强宪法意识　推动全面贯彻实施宪法　张德江出席座谈会并讲话》，载新华社，2014年12月3日。

3 《习近平出席中央政法工作会议并发表重要讲话》，载新华社，2019年1月16日。

极开展供给侧改革，推出更多的法律服务项目和服务产品，规范并引领各个主体的法律服务需求。“全时空”，就是提供法律服务的及时性和均衡性。要从时间上覆盖全过程，要从空间上覆盖全领域，做到有求必应，招之即来，来之能战，战之能胜，提升满足人民群众法律服务需求的效率化。律师要善于运用互联网人工智能大数据等现代化手段，推进法律服务的网络化和体系化建设，并注重下基层、进社区、上学校、走军营、去监所、驻农村，把法律服务带到千家万户、普通百姓，让人民群众有更多的获得感、幸福感和安全感。

我们行业应倡导并践行“正义”的核心价值观，这是对中国律师的价值追求要求。我们在庄严的职业宣誓中掷地有声：维护当事人合法权益，维护法律的正确实施，维护社会公平正义。

“三个维护”是《律师法》明确规定的律师的神圣使命和法定职责。我们经常讲“不忘初心，牢记使命”，“三个维护”正是律师的初心，正是律师的使命。

《联合国关于律师作用的基本准则》认为：“律师制度的一个重要作用，就是向一切需要他们的人提供法律服务，以及与政府和其他机构合作，进一步推进正义和公共利益的目标。”

在这里，我们应该树立正确的“义利观”。律师是一个职业，作为一种谋生的手段，是要注重收费、关注收入、强调收益的，但无论如何，“义”是必须摆在第一位的，“利”是应该退而其次的。

孔子有云："富而可求也，虽执鞭之士，吾亦为之。如不可求，从吾所好。"某日子贡曰："贫而无谄，富而无骄，何如？"孔子答曰："可以，未若贫而乐，富而好礼者也。"

我们行业应倡导并践行"明法"的核心价值观，这是对中国律师的专业水准要求。作为专业人士，我们必须做到精通法律、依法执业、规范服务，为当事人提供专业、高效的法律服务。

律师是一份职业，更是一门专业。律师只能以专业为本、专业见长、专业取胜。律师行业要培养一批又一批的"学者型"律师，打造一支又一支的"工匠型"队伍。学者型律师要求才高八斗，出口成章，理论扎实，结合实践；工匠型律师同样也应一丝不苟，中规中矩，一针见血，心得颇多。大家在日理万机的执业实践中，始终不应放弃研究、忘记总结，惜时如金地成文、著作，并使之成为开拓业务、提高技能的重要手段。在"立功"中"立言"，而又以"立言"而"立德"。

我们行业应倡导并践行"厚德"的核心价值观，这是对中国律师的职业道德要求。广大律师当然应恪守职业道德，诚信服务，严格自律，为社会良心，做道德之师。

于其中，诚信是律师安身立命之本，拓展业务之源，是律师执业活动的生命线。《欧洲律师行为准则》规定：委托关系只有在律师真正具备良好名誉且正直诚信的情况下成立，对于律师而言这些传统美德是律师执业应当承担的义务。

孔子这样来评价“信”：“立则见其参于前也，在舆则见其倚于衡也。”“人而无信，不知其可也。大车无輗，小车无軏，其何以行之哉？”“言忠信，行笃敬。”

五

再说律所文化，是律师行业文化的反映，又是律师行业文化的落实。只有加强律所文化建设，方能汇聚、提炼、形成律师行业文化，并使之传递、传承、传扬。

律师事务所推进文化建设的宗旨在于：积极营造律师事务所开展文化建设的氛围，建立律师事务所文化建设的长效机制，建立以坚定信念、崇尚法治、维护权益、追求正义为价值取向，融思想观念、思维方式、行为规范、执业操守、建设保障为一体的律师事务所文化建设体系，充分发挥律师事务所文化建设在律师行业建设中的重要作用，推进律师事业的全面健康发展。

律师事务所推进文化建设的内容包括：律师事务所应当从价值文化、制度文化、物质文化、行为文化四个层面推进文化建设。

价值文化建设，是律师事务所文化建设的核心。制度文化建设，是律师事务所文化建设的基础。物质文化建设，是律师事务所文化建设的外在体现。行为文化建设，是律师事务所文化建设的内在表现。在推进律师事务所文化建设的过程中，应充分注重文化建设模式的地域性、民族性和多样性。

律师事务所价值文化，是律师事务所在依法执业过程中形成的精神成果和文化观念，体现为律师价值观、执业精神、职业道德与职业标准等。价值文化是律师事务所文化的核心和灵魂，是律师事务所制度文化、物质文化和行为文化的升华。律师事务所价值文化应强调社会责任和人文关怀精神。律师事务所应关注中国经济发展新常态、法治中国建设新进程、律师行业发展新状况及业务发展新方向，本着与时俱进的姿态，及时创新和提升律师事务所的价值文化内涵。

律师事务所制度文化，是律师事务所为践行价值观和实现自身目标，以体制、机制、制度等方式，对事务所全员的行为给予价值引导、科学驾驭和合理激励，使其自愿服从和自觉规范，使被动管理演变为自觉习惯，从而实现事务所精神文化建设、物质文化建设和行为文化建设统一与协调的管理文化。

律师事务所物质文化，是律师事务所文化结构的物质表现，是由律师事务所全体员工在事务所价值文化引导及制度文化规范下，提供的对外有形服务，以及各种物质成果的表象文化，是律师事务所及律师形象的载体及重要体现。

律师事务所行为文化，是指事务所全体员工在执业、学习及各项其他活动中形成的活动文化，包括事务所业务开展、教育宣传、人际关系活动、服务礼仪表达、文娱体育活动中产生的文化现象。它是事务所工作作风、精神面貌、人际关系的动态体现和内在表现，也是事务所精神理念和价值观的折射。

费孝通先生把中华民族的格局称为“多元一体”。所谓“多元”，是指民族众多，文化各异；所谓“一体”，是说多种民族有共同的文化基础，有共同的族群认同，有共同的历史使命，相互渗透和依赖，不可分割。从古到今，各民族都为中华民族的统一和繁荣作出了贡献。借用此高论，律师文化也正是“多元一体”，律所文化之多元，行业文化之一体。

六

推进律师文化建设，离不开法治文化建设的大环境，少不了学习、借鉴、吸收法律职业共同体其他成员的文化建设成果、经验和模式。

有学者认为，法治文化是融注在人们心底和行为方式中的法治意识、法治原则、法治精神及价值追求。一个国家的法治文化，是这个国家的法律制度、法律结构、法律设施体现出来的文化内涵，和公民在日常生活、工作中所持有并遵循的以法律价值为核心的心理意识与行为方式。

有专家定义，法院文化是作为法院全体人员理想信仰、价值取向、道德观念、思维方式、行为模式以及承载这些精神产物的物质载体的总和，是宏观的政治、经济、文化在法院的投影。法院文化具有自身鲜明的特点，如政治性、人本性、专业性以及司法理性。其作为一个系统，主要包括精神文化、学识文化、制度文化、行为文化、廉政文化和物质文化六个层面。其中精神文化是核心，学识文化是特色，制度文化是关键，行为文化是“名片”，廉政文化是保障，物质文化是基础。

如上海市高级人民法院，确立了“以忠诚博学追求法律真谛，以清廉高效实现公平正义”的上海法院精神。其中，“忠诚”是核心，“博学”是标志，“清廉”是根基，“高效”是标尺，四大要素有机结合，精准勾勒出上海法院的独有特质与整体精神面貌，揭示了上海法官面向未来所应有的精神状态和目标追求，反映了上海法院人在职业化建设中的道德倾向和职业要求。

一方水土养一方人，一方水土孕育一方文化。这就是文化的地域性、区域化特点，也因此使文化现象争奇斗艳，各放异彩。例如上海城市精神，叫作“海纳百川，追求卓越，开明睿智，大气谦和”；上海倡导的价值取向，叫作“公正，包容，责任，诚信”。

说到湖南，我想一个最突出的特质就是“红色基因”，这是毛主席等老一辈无产阶级革命家留给后人的不可磨灭的思想遗产。每当吟诵起“惜秦皇汉武，略输文采。唐宗宋祖，稍逊风骚。一代天骄，成吉思汗，只识弯弓射大雕。俱往矣，数风流人物，还看今朝”，无不对共和国的发展与强大充满了激情与豪迈。

另一个特质就是“家国情怀”，这也是古仁人志士传承给世人的难以忘怀的文化记忆。《岳阳楼记》有言在先：“不以物喜，不以己悲；居庙堂之高则忧其民；处江湖之远则忧其君。是进亦忧，退亦忧。然则何时而乐耶？其必曰‘先天下之忧而忧，后天下之乐而乐’乎？”

七

时代需要航标，社会需要榜样，思想需要先导，文化需要弘扬。运用榜样的力量弘扬核心价值观和行为准则，以感人至深的先进事迹和崇高精神感染人、激励人、凝聚人，这是文化建设的关键所在。

早在2007年，上海律师协会开展了评选和宣传“东方大律师”的活动。在作为活动高潮的颁奖晚会上，我作为会长作了一个“我们如何提炼和弘扬东方大律师精神”的发言：

今夜星光灿烂，大律师从东方走来。“首届东方大律师”的评选宣传活动随着一台“走向法治，促进和谐”的大型颁奖文艺晚会的结束而徐徐地落下了帷幕。10位德技俱佳的东方大律师走上领奖台，接受代表至尊荣誉的奖杯。评选的大幕虽然圆满落下，但是围绕着寻找东方大律师的精神内核和文化价值的序幕则刚刚展开。这也正是我们开展评选宣传活动的初衷：以一种精神激励上海8800名律师在服务经济建设、构建和谐社会中奋发有为，以一种文化引领上海8800名律师在追求公平正义、维护法律实施中体现价值。

10名东方大律师作为法治精神的传播者，作为和谐社会的建设者，作为民主法治的践行者，孜孜以求，不懈努力。“东方大律师精神”是上海锐意进取、奋发开拓的城市精神在律师行业的集中体现，是改革创新、艰苦创业的时代精神在律师行业的集中反映。“东方大律师精神”是上海律师追求公平正义、完善民主法治的强大精神动力，是加强律师队伍建设、推进行业自我完善的理论武器，是上海律师队伍先进品格的高度概括，是上海律师在参与“四个中心”建设、构建和谐社会中所应体现的核心价值。

10位东方大律师，其所从事的专业领域迥然不同，其各自的办案风格也各有特点，但其中体现的目标价值与本质属性却殊途同归、一脉相承。在他们身上，我们看到了忠实客户、勤勉尽责的职业精神，我们看到了勤奋学习、精益求精的专业理念，我们看到了追求公正、维护法治的事业属性，我们看到了引领队伍、甘当楷模的榜样气质。这些都构成了东方大律师的精神内核，从而充实了上海律师的核心价值体系。

10位东方大律师可谓上海8800名律师的优秀代表。榜样的力量是无穷的，这种表率作用是一种激励、一种引领、一种示范。我们坚信，上海广大律师将在“东方大律师”精神的引领下，在建设社会主义法治国家和上海“四个中心”建设的伟大实践中，开拓进取，大展宏图，再创业绩。

我们应该大张旗鼓地、理直气壮地弘扬“东方大律师精神”。宣传律师不纯粹是宣传律师，更重要的是宣传律师制度，而律师制度正是我国法律制度的重要组成部分；更重要的是传播法治精神，而法治精神正是我们这个城市精神的重要内容；更重要的是树立律师信仰，而律师信仰正是法律信仰的重要体现！我们要把东方大律师所代表、所承载的上海律师精神内核，写进我们的律师行业精神中，写进我们这座诞生东方大律师的城市精神之中。

八

文化建设是无法一蹴而就，毕其功于一役，而是一个长期的渐进的过程，要经历熟悉、遵从、领悟、认同、内化等多个阶段，最终实现“文化自觉”。

费孝通先生对“文化自觉”有着深刻的认识。他说：“文化自觉，意思是生活在既定文化中的人，对其文化有‘自知之明’，明白它的来历、形成的过程、所具有的特色和它发展的趋向……自知之明是为了加强对文化转型的自主能力，取得决定适应新环境、新时代文化选择的自主地位。文化自觉是一个艰巨的过程。”

让我们律师们共同努力，致力、倾情、用心加强文化建设，让律师文化成为事业发展的核心竞争力！

（这是作者 2019 年 7 月 20 日在湖南律师文化论坛上的发言）

08

青训营中话“参议”

全国律师协会青训营，已经成为中国律师行业的一张名片，尤其成为青年律师心中的亮丽风景。“入营”，是青年律师成长的符号；“出营”，是青年律师优秀的标配。青年律师们因在青训营培训而骄傲和自豪，而青训营则会因为优秀青年律师们的所在而更加壮大和成功。

作为全国律协青年律师工作委员会的第一任主任，当培训部惠芳主任邀请我给第 16 期、第 17 期青训营来讲一堂课的时候，我欣然答应。

不过给我的这个题目却是很难讲的——参政议政

与青年律师成长！这是一个老话题，已属老生常谈，但我想应该把它当成一个新课题，努力常谈常新。

对青年律师执业的过程而言，参政议政应该是一个独到的内容，而成长则是一个必然的结果。或者说青年律师完全可以在不可缺少的参政议政中成长起来，而成长的过程则离不开参政议政的作为和风采。

我一直有这样一个概念，青训营中大家学习和交流的不应该纯粹是一种技术，或者说一种“术”“方法论”，而应该互动和碰撞的是一种理念，或者说是一种“道”“世界观”，是一种观察问题、思考问题的方式和视角。

同时，大家在一起交流会传递更多“数据”，要经过我们的鉴别与加工，成为对我们有价值的“信息”，进而结合我们自己的成长吸收消化之，成为对我们有用的“知识”，而“知行合一”运用到我们的实践，作为前进的一种动能，于是就形成了成长的“智慧”。

我想，青训营里“潇洒走一回”，应该感悟更多的“道”，碰撞更多的“智慧”。正是基于这样的想法，我谈了我所理解的“参政议政与青年律师成长”。

应该说，针对不同的主体，有不同意义上的参政议政。如对于一个公民而言，行使法定的知情权、参与权、表达权、监督权，其实就是一种参政议政。而以律师为主体，则似有两种情形。

一种情形是狭义的，作为人大代表政协委员的参政议政，再狭义一点则是作为政协委员的参政议政。如从全国政协章程及相关文件看，“参政”是说“参加国家政权，参与国家大政方针和国家领导人选的协商，参与国家事务的管理，参与国家方针政策、法律法规的制定和执行”。“议政”则是指“对政治、经济、文化和社会生活中的重要问题以及人民群众普遍关心的问题，开展调查研究，反映社情民意，进行协商讨论。通过调研报告、提案、建议案或其他形式，向中国共产党和国家机关提出意见和建议”。

另一种情形则是广义的，即作为一名律师，参与、服务国家“政治建设”。我想我们应该从这一广义的角度来理解参政议政。从这一角度而言，参政议政是律师的一个职责、担当和义务，也是律师的一种项目、市场和业务。

说到“政治建设”，我们必须再次重温党的十九大报告中的论述，就是要“统筹推进五位一体总体布局”。“五位一体”总体布局正是指经济建设、政治建设、文化建设、社会建设和生态文明建设。

最近习近平总书记指出，要“尽快建成覆盖全业务、全时空的法律服务网络”。[1]对我们律师而言，“全业务”就

1 《习近平出席中央政法工作会议并发表重要讲话》，载新华社，2019年1月16日。

是提供法律服务的全面性和充分性。“全时空”，就是提供法律服务的及时性和均衡性。由此可见，参与、服务政治建设，也正是建成全业务、全时空法律服务网络的重要内容。

那么，为什么对律师而言，参政议政如此应当、如此担当、如此是律师执业的题中应有之义？当然是因为律师的特殊身份！而特殊在何处？我一直讲律师的“五业性”，即职业、专业、事业、行业、产业。这是从不同角度的认识，可谓“横看成岭侧成峰，远近高低各不同”。

从法律的角度,《律师法》说:“应当维护当事人合法权益，维护法律正确实施，维护社会公平和正义。”从社会的角度，党的十六届六中全会《中共中央关于构建社会主义和谐社会若干重大问题的决定》说，律师事务所作为社会组织，应“提供服务、反映诉求、规范行为”。从政治的角度，党的十八届四中全会《中共中央关于全面推进依法治国若干重大问题的决定》说，律师是“法治工作队伍”“法律服务队伍”“法律职业人员”。从经济的角度，国家“十一五”规划明确提出，要大力发展包括法律服务业在内的现代服务业。从职业的角度，《中国共产党统一战线工作条例（试行）》明确了“新的社会阶层人士”。《中国人民政治协商会议章程》则提出，“非公有制经济人士、新的社会阶层人士等是中国特色社会主义事业的建设者”。

应该说，以上这些不同角度的理解，都是有法律和政策依据的。如《律师法》：“维护当事人合法权益，维护法律正确实施，维护社会公平和正义。”如党的十六大：“拓展和规范法律服务。”如党的十六届六中全会：“提供服务、反映诉求、规范行为。”如党的十七大：“各项工作都要纳入法治化。”如党的十八届三中全会：“完善律师执业权利保障机制和违法违规执业惩戒制度，加强职业道德建设，发挥律师在依法维护公民和法人合法权益方面的重要作用。”

党的十八届四中全会更是有长篇表述：“加强法律服务队伍建设。加强律师队伍思想政治建设，把拥护中国共产党领导、拥护社会主义法治作为律师从业的基本要求，增强广大律师走中国特色社会主义法治道路的自觉性和坚定性。构建社会律师、公职律师、公司律师等优势互补、结构合理的律师队伍。提高律师队伍业务素质，完善执业保障机制。加强律师事务所管理，发挥律师协会自律作用，规范律师执业行为，监督律师严格遵守职业道德和职业操守，强化准入、退出管理，严格执行违法违规执业惩戒制度。加强律师行业党的建设，扩大党的工作覆盖面，切实发挥律师事务所党组织的政治核心作用。”

2017 年 2 月，中央办公厅印发的《关于加强新的社会阶层人士统战工作的意见》明确，新的社会阶层人士主要包括民营企业和外商投资企业管理技术人员、中介组织和社会组织从业人员、自由职业人员、新媒体从业人员四个群体。从如此角度，律师属于社会组织从业人员，属于新的社会阶层人士。

中共中央统战部六局局长张明同志在一次讲课中论述了新的社会阶层人士的十大主要特征：分布在体制外，绝大多数为党外人士，专业素质较高，中高收入者居多，社交方式网络化特征明显，以中青年为主体，主要集中在大城市，职业流动频繁，思想活跃多元，关注社会问题。

谈好青年律师参政议政之“是什么”和“为什么”之后，我便以为党的十九大报告中有关政治建设的核心内容提供法律服务这一视角，谈了参政议政之“怎么做”。

党的十九大报告说：“维护国家法制统一、尊严、权威。”“加强宪法实施和监督，推进合宪性审查工作，维护宪法权威。”

我分析道：违宪性审查在立法上是个老话题，如我国《立法法》对此有相关规定，但在实践中又是个新问题，因为实施违宪性审查少之又少。去年新《宪法》出台，宪法和法律委员会亮相，合宪性审查更引人关注。当然，作为法律人，我们应研究法律上如何细化这一制度，如申请人利益相关性如何界定；实践中怎么操作，如申请人的基本权利主体地位怎么把握。对于诸如此类的问题，作为对国家法律尤其是宪法实施负有义务的律师的作用发挥，不容小觑。

说到这里，我举了孙志刚事件中3位法学博士拍案而起引发废止《城市流浪乞讨人员收容遣送办法》以及全国律协副会长朱征夫委员矢志不渝地呼吁废除《卖淫嫖娼人员收容教育办法》的两则故事。

党的十九大报告说：“加强人权法治保障，保证人民依法享有广泛权利和自由。”“保障人民知情权、参与权、表达权、监督权。”

我分析道：这一铿锵有力的表达，是党对人民的庄重承诺。律师是保障人权的卫士，是维护公民权利的斗士，通过担任诉讼代理人和刑事辩护人，维护当事人的合法权益，并同时维护社会公平正义。例如，最高人民法院、司法部于2017年10月、2018年12月先后联合印发《关于开展刑事案件律师辩护全覆盖试点工作的办法》《关于扩大刑事案件律师辩护全覆盖试点范围的通知》，这是完善律师刑事辩护制度的重要举措，是实现刑事司法公正的重要保障。辩护权是犯罪嫌疑人、被告人的宪法性权利，律师刑事辩护权是当事人权利的延伸，律师辩护的核心正是维护当事人的人权，保证无罪的人不受刑事追究，维护法律的权威。

党的十九大报告说："推进科学立法、民主立法、依法立法，以良法促进发展，保障善治。"

我分析道：知屋漏者在宇下，知政失者在草野。律师执业在法治实践的第一线，可谓春江水暖鸭先知。律师作为独立且专业的第三方的广泛而深入的参与，对提高立法质量，解决立法的有效性不足、针对性与可操作性不强，特别是部门化倾向、争权诿责现象，无疑能发挥独到的作用。在实践中，律师事务所、律师协会以第三方身份参与地方法规草案起草的工作已有多例，应趁此东风正如火如荼，提升至全国性法律法规草案起草的层面。

党的十九大报告说："建设法治政府，推进依法行政，严格规范公正文明执法。"

我分析道："普遍建立法律顾问制度""积极推行政府法律顾问制度"，这是党的十八届三中、四中全会的具体要求，是深入推进依法行政、加快建设法治政府的客观需求。律师所服务的，不是一个一般的客户，不是一位普通的当事人，是一个肩负着全心全意为人民服务职责与使命的人民政府，是一个相对于人民利益而言没有任何私利的主体，因此应当切实服务依法行政、切实服务公共利益、切实服务公平正义，真正做到在政府制定重大行政决策、推进依法行政中发挥积极作用，为政府依法全面履行政府职能、健全依法决策机制、深化行政执法体制改革、坚持严格规范公正文明执法、全面推进政务公开提供优质、高效的服务。

党的十九大报告说："深化司法体制综合配套改革，全面落实司法责任制，努力让人民群众在每一个司法案件中感受到公平正义。"

我分析道：律师是司法活动的参与者，是司法改革的见证者，更是司法改革成果的共享者。对于司法改革，律师不应是看客，也不应只是司法规则的被动遵守者，而应该成为司法改革的主动参与者、司法规则的参与制定方。律师战斗在司法活动最前沿，律师的参与将为司法改革的科学决策和顺利进行发挥不可替代的作用。

我在担任上海市政协委员和全国政协委员过程中，就推进司法体制改革提出过几个提案。例如，从律师中选任法官，2012年我提出"推进建立从优秀律师中选拔法官的机制建设"，此后的2014年上海率先试点司法体制改革，其中内容之一就是从优秀律师中选任了一名法官。再如，构建律师与法官良性关系，2015年我提出"构建律师与法官之间良性互动和谐关系，进一步推进法治工作队伍规范化建设"，这一提案还获得了当年上海市政协的优秀提案奖。另外就是设立上海金融法院，可谓"九年磨一剑"。2010年我们几名上海政协委员提出"关于进一步加强我市金融审判工作并适时建立金融法院的建议”，2015年继续提出“关于在上海设立金融法院的建议”，2018年在全国政协会议上我提出“关于设立上海金融法院的建议”，今年继续提出“关于进一步加强金融法院建设，为科创板与注册制提供优质司法保障的提案”。

我给大家讲述了上海金融法院诞生的故事。2018年3月28日，习近平总书记主持中央全面深化改革委员会会议，审议通过设立上海金融法院的方案。这是上上下下，从中央到地方、从司法界到整个法律界形成的共识，是对司法审判工作在经济社会发展中重要作用的认可，以及国际金融中心建设在新时代再上新台阶的重要安排。

2010年和2015年，在上海市政协会议上，时任上海证监局局长张宁和我、时任国联安基金公司督察长谢荣兴两次提出设立上海金融法院的提案。第一次提案在办理时，时任上海政协副主席朱晓明和高小玫带队赴上海高院走访调研，时任上海高院院长应勇向政协委员们介绍了上海金融审判工作的情况。针对提案，他画龙点睛地讲了话，我印象中他说了这么几个关键词。第一，这个提案非常“好”，有利于上海国际金融中心的建设和发展。第二，这个提案非常“专”，是一个专业性的提案，特别对我们金融审判工作具有专业针对性。第三，这个提案非常“实”，是一个实实在在的提案，如果实现的话，对上海发展意义特别重大。第四，这个提案非常“大”，他说“大”的时候，大家都笑起来，他说这还真的不是我们上海市高级人民法院能够办得了的事情，也不是上海能办得了的事情，但我们要向最高人民法院汇报、要向中央汇报，来推进这项工作。

第二次在此提案办理时，时任上海政协副主席姜樑、社会和法制委员会主任缪晓宝又带队来到上海市高级人民法院，时任上海市高级人民法院院长崔亚东、常务副院长盛勇强向委员们通报了上海金融审判工作的情况。金融审判工作呈现出几个特点，第一个就是量非常大；第二个就是增长非常快；第三个金融案件的专业化程度非常高，出现了很多新颖性甚至是创新性的案件；第四个是金融案件具有国际化的特点，许多是涉外金融法律纠纷。另外，上海法院金融审判工作一直在加强，而且在全国走在前面。当然院长们也谈到设立上海金融法院不是上海的事权，要进一步向上海市委汇报、向最高人民法院汇报，同时去中央相关部门争取政策，来推进这项工作。后来我们知道，崔院长做了大量工作，法院的同志们说，没有崔院长不懈努力、多方工作，这件事是很难成的。在此次会议上，上海金融办主任郑杨也应邀参加了会议，他从政府的角度也特别提出在上海设立金融法院的必要性和重要性。

上海市政协特别是社会和法制委员会也一直为这个提案的

论证、办理搭建平台，出谋划策，大力推进。2017年上海政协副主席李逸平带队专赴我国澳门特别行政区和香港特别行政区就金融审判进行调研。调研归来，由时任上海市政府法制办公室副主任罗培新执笔形成专题报告，认为基于上海实际情况，尤其是建设上海国际金融中心的客观需求，建立一个专门的金融法院非常必要。课题组认为，在上海设立专门的金融法院，做到金融案件专业化审理的“形神”合一，不仅必要，而且可行。金融法院的设立，必将进一步提升上海金融审判的专业化水平，增强金融案件裁判规则的中国话语权，提高上海国际金融中心的国际竞争力。

2015年的时候，时任上海证券交易所桂敏杰理事长在全国“两会”上也提出这个提案。此前张宁局长已经到上海证券交易所担任监事长，桂敏杰理事长在上海提案的基础上做了大量论证与进一步完善，在全国“两会”上提出。大家共同商议，上下努力，目的就是希望设立上海金融法院的提议在上海高层，尤其是在中央层面都能够听到声音，推进形成共识。2018年全国政协会议上，我，还有东方财富网董事长其实、上海外国语大学副教授黄绮一起继续提出提案。提案源于实践、基于需求，设立上海金融法院是上海国际金融中心建设这一国家战略的必要之举。

党的十九大报告说：“加大全民普法力度。”

我分析道：在科学立法、严格执法、公正司法的同时，全民守法必不可缺，是厉行法治题中应有之义。律师时时刻刻深入人民群众之中，其办的每一个案件，写的每一份合同，做的每一次咨询，讲的每一堂课程，无一不是在普法，正是宣传法律规定的“轻骑兵”、传播法治理念的“先锋队”、弘扬宪法精神的“马前卒”。

党的十九大报告说：“坚定不移全面从严治党，不断提高党的执政能力和领导水平。”

我分析道：律师要勇于担当党委法律顾问，为完善党委科学民主决策机制提供全方位法律服务。并应主动服务形成完善的党内法规制度体系工作，为党内法规同国家法律的衔接和协调贡献专业才智。律师应当致力参与使党的主张通过法定程序成为国家意志的实践，为制定并实施国家监察法贡献实践经验，为完善中国特色社会主义法律体系出谋划策。并应专业介入反腐败国家立法与从严治党制度的有效对接，为形成不敢腐、不能腐、不想腐的有效机制发挥独特作用。律师也要积极创设以案释法，为各级党组织及其领导干部“全面增强执政本领”，尤其是“依法执政本领”、提高法律意识、培养法律思维提供教育培训服务。

无疑，党的十九大报告中有关法治建设的内容，正是青年律师参与、服务政治建设的重点，也是青年律师参政议政的核心。同样，投身经济建设主战场，是青年律师提供法律服务的平台，更是青年律师参政议政的舞台。在此过程中，关注、学习、研究每年总理的政府工作报告必不可少。总理的政府工作报告，可谓一份“中国年报”。于过去而言，应该叫作“中国答案”；对世界来说，可以被称为“中国方案”。结合自己的参政议政实践，我特别介绍了今年政府工作报告中几个值得关注的热点、重点和焦点问题：

实施更大规模的减税。多管齐下稳定和扩大就业。着力缓解企业融资难融资贵问题。以简审批优服务便利投资兴业。让企业多用时间跑市场、少费功夫跑审批。对违法者依法严惩、对守法者无事不扰。设立科创板并试点注册制。政府要带头讲诚信、守契约，绝不能“新官不理旧账”。新型城镇化要处处体现以人为核心，提高柔性化治理、精细化服务水平。改革创新环境治理方式，对企业既依法依规监管，又重视合理诉求、加强帮扶指导。下大气力优化民营经济发展环境。按照竞争中性原则，在要素获取、准入许可、经营运行、政府采购和招投标等方面，对各类所有制企业平等对待。构建亲清新型政商关系。保护产权必须坚定不移，对侵权行为要依法惩处，对错案冤案要有错必纠。努力打造良好营商环境。推动共建“一带一路”。坚持共商共建共享，遵循市场原则和国际通行规则，发挥企业主体作用……

3 个小时一晃而过！在一阵掌声和欢笑声中，这场别开生面的讲座圆满地拉上了帷幕。

（这是作者 2019 年 4 月 15 日在中华全国律师协会第 16 期、第 17 期青年律师领军人才训练营上的讲课整理）

09 律师眼中好法官的“样子”

全国律协安排我去国家法官学院，与“中青班”的法官们上一堂互动交流课。于是我想了这样一个题目——《律师眼中好法官的“样子”》。

一

说到这个题目，想起一桩往事。2005年，我刚担任上海律师协会会长，在由我们承办的华东律师论坛上，邀请时任上海高院院长滕一龙同志，给律师们作了一个“法官眼中的律师”的演讲。一段时间之后，我本人亦受邀回访上海高院，讲了一次“律师眼中的法官”。

一晃斗转星移，白驹过隙，律师和法官的法律职业共同体建设进入新时代。我理解，这应该是一个与时俱进的课题，一个新意频出的话题。所以当法官学院的老师和我沟通谈点什么的时候，我便想到以此为主题。

同时，我在题目中用了“样子”二字。“样子”其实是受启发于习近平总书记一个讲话中的用词。总书记在十九大刚结束率新一届领导班子集体亮相时，这样说：“新时代要有新气象，更要有新作为。中国共产党是世界上最大的政党，大就要有大的样子。”[1]

“样子”是我们老百姓的语言，稍微文雅一点就用“形象”。有专家给它下了一个定义：一定的主体基于其在本质而表现出的外部状态和面貌，通过中介渠道的传输，由客体接受而形成的关于主体面貌的总的感觉、印象、认知和判断。

我在中央社会主义学院听过中央党史研究室副主任李忠杰同志的课，最近他有一篇文章专门解析了“样子”。

“客观性”和“主观性”。我的理解，客观性说的是对象，对谁的印象；主观性说的是自我，是我对谁的印象。如诗人的这样一句话：“你见或者不见我，我就在那里。”就主观性来讲，

1 《习近平总书记在十九届中共中央政治局常委同中外记者见面时的讲话》，载新华社，2017 年 10 月 25 日。

我们常讲，“情人眼里出西施”，就是充分的主观性概念；另外，我们经常说，“看这个人怎么看都不顺眼”，亦即此意。

“复杂性”。我的认识，既有时间的复杂性也有空间的复杂性。从时间上来说，李白有诗“朝如青丝暮成雪”；于空间上而言，苏轼有言“横看成岭侧成峰，远近高低各不同”。

“中介渠道的重要性”。所谓耳听为虚，眼见为实，听也好，看也好，说的都是“介质”。现在自媒体当道，标题党横行，都会给“样子”带来正面的、反面的或者说各种各样的影响。

“价值性”。我觉得就是要对“样子”做价值判断，要有价值标准。这个标准就像是一把尺子，可以量一量长短；又像是一面镜子，可以照一照有无；也像是一个瓶子，可以试一试深浅；更应像一把刀子，对自身的毛病乃至于毒瘤痛下杀手。我们讲海纳百川不错，但还要强调核心价值观。我们说的这个标准，应该是一个“应然”标准，就是应该成为什么样的样子，或者“理想的样子”；相比较而言，还有“历史的样子”“现在的样子”。专家分析说，应然标准中应体现“真善美”的概念。

由此可见，“样子”二字说说简单，可仔细琢磨并不简单。只有深刻理解、全面把握，我们才能塑造好的样子，打造好的形象。

就像共产党的样子，习近平总书记就用这样的标准来表达：

“我们要永葆蓬勃朝气，永远做人民公仆、时代先锋、民族脊梁。”[1]这里的人民公仆、时代先锋、民族脊梁以及蓬勃朝气，就应该是共产党的样子和形象！前面说到的李忠杰副主任，在此基础上用10个词来进一步描述共产党的样子：先进、为民、善治、改革、民主、法治、廉洁、奋斗、开放、文明。

二

在解读“律师眼中好法官的样子”之前，让我们先剖析一下我们自己，我们律师的样子。

历史的形象，今天的样子，你的说法，他的描述，不一而足。有人把律师“妖魔化”，认为律师帮坏人说话肯定也不是好人；“打官司”要“打关系”，找律师要找有关系的律师，因此有人评律师“无用论”；律师“大款”，宝马香车，故也有人提律师“暴富说”；亦有人讲政府法律顾问“基本不用”，却“干警化”“经常滥用”，时“非市场化”“过于重用”，等等。

谈到律师的样子，我想从三个方面分析，第一是什么，第二为什么，第三怎么做。

是什么。“律师的朋友”刘桂明用文学化的语言说，“律

1 《习近平总书记在十九届中共中央政治局常委同中外记者见面时的讲话》，载新华社，2017年10月25日。

师是一个看起来很美，听起来很阔，说起来很烦，做起来很难的职业”，栩栩如生，跃然纸上。我想从法律、社会、政治、经济等角度来作一个分析。

首先，它是一份职业。职业就是谋生的手段，法官是“公家人”，我们律师是“市场人”。其次，它是一个专业。我们是靠专业来谋生的，这个职业有专业的门槛，有专业的素质，有专业的要求。我一直跟年轻律师讲这样一句话：律师没有坐着赚钱的本领，也没有躺着赚钱的功能，更不应该跪着赚钱卑躬屈膝，我们要站着，把钱赚了！“站着赚钱”，是姜文电影《让子弹飞》中的台词，我的理解就是要赚有尊严的钱。我们要对这份职业与专业有敬畏感。法官入额要宣誓，律师入职也要宣誓。孔子说过，“不知礼，无以立也”，这个礼不是一般的形式，而是礼节，是礼仪，通过礼节与礼仪，提升我们对这份职业、这个专业、这一组织、这种文化的敬畏之心！再次，律师是一个事业。《律师法》说得很清楚，律师维护当事人的合法权益，维护法律的正确实施，维护社会的公平正义，这就是律师的事业，不管你承认不承认，不管你理解不理解，律师在法律本质上就是这“三个维护”，律师应该有这种事业感、崇高感和尊荣感。从这个角度，我们和法官都是法律职业人，都是社会主义法治队伍的重要成员。复次，这是一个行业。行有门槛，行有行规，行有组织，行有自律。最后，这是一个产业。律师是现代服务业中的专业服务业，律师既要为发展 GDP 做服务，同时又是贡献 GDP 的重要力量。虽然说律师不能以营利为目的，但必须要做大做强，政府也应该从金融、税收、规划、人才培养等方面支持这个产业的持续健康发展。

上述五个“业”，不是无源之水，无本之木，是有充分依据的。从法律角度来讲，《律师法》明文规定了“三个维护”。从社会角度来讲，党的十六届六中全会《中共中央关于构建社会主义和谐社会若干重大问题的决定》里面讲了12个字“提供服务、反映诉求、规范行为”，律师事务所是社会组织。从政治角度来讲，党的十八届四中全会《中共中央关于全面推进依法治国若干重大问题的决定》明确指出，律师是法治工作队伍，律师是法律服务队伍，律师是法律职业人员。从经济角度来讲，早在国家“十一五”规划中就明确提出，大力发展包括法律服务业在内的现代服务业。

当我们把律师从不同的视角来审视的时候，虽然是横看成岭，侧看成峰，但是更全面、更深刻、更准确，便是一个应然的律师的“样子”。

为什么。即为什么做律师？做什么样子的律师一定是与其为什么做律师有关系的，出发点不一样，归宿点也不同，于是他的外在表现和形象肯定不会完全一样。

做律师的原因一开始可能是为了“就业”，很多人经过一段时间之后属于“择业”，其实做律师更应成为我们的“志业”。我的理解，这里说的便是一种内心的呼唤，就是一种人生的追求。为了这份呼唤与追求，华发早生，衣带渐宽，亦无怨无悔，痛并快乐着。在此人生追求下，做律师的样子会是内外兼备的美好！

怎么做。有位老律师把怎么做律师分成四个阶段，我说四重门也好，四进阶也罢，颇有道理。第一个阶段，“不知道自己知道”；第二个阶段，“知道自己不知道”；第三个阶段，“不知道自己不知道”；第四个阶段，“知道自己知道”。

有点像绕口令，我们一个一个琢磨。初为律师，脑中一片空白，手足无措——“茫然”。慢慢地，觉得这份工作如此博大、如此精深，自己在这份职业和专业面前是如此之渺小，内心有所“释然”。于是精心学习，潜心磨炼，不过却开始自以为是，甚至自作聪明。这个阶段其实很危险，是极容易犯错误的时候，颇有些“悍然”。如果跌几个跟头，犯几次错误，能吸收教训，知错即改，振作前行，终于明白自己吃几碗干饭，知天高知地厚，那么会成为一个“老司机”，胆大心细，心平气和，终成大器，“悠然”也。在此成长过程中，很少有人能跳跃式上升，也有不少的人半途而废。

过去大家把夫妻关系叫作“七年之痒”，后来人民法院法律文书大数据统计说结婚 5 年离婚最多，于是现在应该是“五年之痒”。律师行业离职跳槽也有规律，基本上是“三年之痒”。3 年坚持住了，便容易坚守并进阶发展，经过一个磨炼甚至磨难的过程，在 8 年到 10 年时成长为合伙人。我们要研究律师职业成长的规律，因材施教，塑造队伍。可以说，律师成长的阶段性和过程性，与整个队伍的形象和样子是有密切关系的。

三

关于“律师眼中好法官的样子”，的确很难下定义。今天学一下盲人摸象吧，先扔一个鼻子过来，再扔一个尾巴过来，又扔一条大腿过来，用碎片化的方式，给大家谈些浅见，乃一家之言，不过尽量还是总结、提炼一些规律性的认识。

第一，“法官不是官”。在此引用一下美国著名大法官理查德·波斯纳的话，“作为劳动力市场参与者的法官”“作为偶尔立法者的法官”“法官并非法律教授”。这也是从一个视角，来透视法官的样子。其实，我这里表达的中心思想是法官的“去公务员化”，在此基础上进一步完善法官职业保障制度，如法官的工资制度、法官在职培训机制、法官离退休制度、法官履行法定职责保护机制、法官司法权威保障制度、法官司法荣誉制度等。

我们律师希望法官“我的行为我主导，我的地盘我做主”，因为我在这个审判席上，“我审理我裁判，我裁判我负责”，这个“我”当然是指法官。舍我其谁？做一个真正的法官！

有一个很有意思的现象，每年全国及地方“两会”上，呼吁给法官涨工资的是我们律师！为保障法官职业权利拍案而起、摇旗呐喊的也是我们律师！因为，律师与法官是职业法律人、职业共同体，我们真心希望我们的法官们是真正的“法官”，不是一般意义上的“官”，而且要有真正的法官职业保障制度！

第二，法官是“法家”。这个“法家”打上引号，意思就是法官应该是“法律专家”，专职、专门，专业、专才，于是专家！看到法官，你就得服，不服不行！

在此我举一个例子。上海正在建设国际金融中心，上海法院的金融案件审理水平也比较高，但我却一直建议，应该在上海设立一个金融法院。请大家注意，我这里说的是“在上海设立金融法院”，而不是“上海设立金融法院”，因为我理解的这个金融法院应该是区域性的，乃至全国性的。

今年 3 月 28 日中央全面深化改革委员会会议审议通过设立上海金融法院的方案。在上海设立金融法院，我是最早的政协提案人之一。时任上海证监局局长张宁、时任国联安基金公司督察长谢荣兴，还有我，早在2010年就在上海市政协会议上提出此建议；今年我在全国“两会”期间又提交了此提案。提出此提案的出发点之一就是法官队伍的专业化建设，当然不只专业化，但专业化是基础。

我们提到，设立金融法院有助于上海国际金融中心和自贸区建设。随着上海国际金融中心和自贸区建设的推进，金融市场的不断创新、新型金融业态和经营模式的加速出现、国际金融交易惯例和规则的纷纷涌入，势必会对金融审判法官的知识结构、裁判理念、裁判视野，乃至裁判技巧带来较大挑战，此时司法的规范，乃至引领功能将会更加凸显，对高度专业的法官队伍和金融审判的需求亦更加强烈。

我们又说到，设立金融法院有利于促进金融司法对金融市场的规则指引和价值引领。金融审判的每一个判决都是足以影响交易、左右监管、推进规范的重要判例，对不特定多数的金融消费者、市场投资者产生交易及投资的司法预期，对市场监管者产生制定及完善规则、有效实施监管的司法预期，对金融市场国际参与者产生中国法治状况、投资价值及投资环境的司法预期，均影响巨大，于是专业权威的审判可起到金融市场的规则指引及价值引领作用。

我们还认为，上海的探索有利于加强我国在国际金融市场的规则话语权。上海国际金融中心建设是“国家”战略，而且其重要的核心之一便是“国际”二字。因此，上海要建设成真正的国际金融中心，掌握金融市场的规则话语权是必要的组成部分。设立金融法院，凸显金融司法对国内市场和国际市场规则的维护，并致力于从金融安全的角度争取上海国际金融中心在国际金融市场上的话语权，具有相当积极的促进意义。

四

接下来我再说几个法官的“应然”。

第一个是“担当”。

走进法官学院大楼，迎面的大标语就是“忠诚担当，公正为民，中立谦抑，廉洁守纪”，其中就有“担当”。习近平总书记给邹碧华同志题词，核心词就是“新时期公正为民的好法官，敢于担当的好干部”。[1]

关于法官的担当，我想了几句话，与大家共同探讨：

在错综复杂、横岭侧峰、波诡云谲的局面中，去粗取精，慧眼识真，一针见血。

1 《习近平对邹碧华同志先进事迹作出重要批示》，载新华社，2015 年 3 月 2 日。

在上有批示、下有闹事，内有激烈争议、外有长枪短炮的形势下，全无惧色，保持定力，守住底线。

在规定不明、释法不清，甚至无法可依的情况下，抓住本质，回归常识，手起槌落。

敢于担当是品格，善于担当是智慧。为了对我们的这种担当“下得去手”，我们法律人，当然也包括法官，或者说尤其是法官，应该多读一些经济学方面的书，借以提升担当的决心与信心。

我国台湾地区学者熊秉元有一本书《正义的成本：当法律遇上经济学》，值得一读。书中好几处引用了波斯纳法官的这句名言：“对公平正义的追求，不能无视代价。”

对于波斯纳法官，大家都不陌生。他既是一个大法官，也是一个理论家，他有一个非常重要的理论就是“财富最大化”，也就是面对官司的时候，法官也可以自问，怎么判决才能使社会的财富越来越多。

在熊秉元的这本书里面，就举到了一个摄影师打官司的例子。说来也巧，20 世纪 90 年代中叶，我也打过这样一个官司，情节几乎完全一样。就是摄影师到喜马拉雅山，费尽千辛万苦、耗费巨额成本，拍了许多惊心动魄、赏心悦目的照片。可是交给一家冲印公司冲印时，底片被完全损毁。

摄影师提出要冲印公司赔偿底片以及来回喜马拉雅山的旅费，甚至还有精神赔偿。而冲印公司却说，按规定只能赔偿底片3倍的价钱。

至今我印象非常深刻，当年我们打这个官司的时候据理力争，媒体记者也渲染气氛，最后大获全胜。

按照波斯纳“财富最大化”的观点，却有异常的思维和不同的取舍，他的推论其实非常简单，他会问，如果让摄影师得到完整的赔偿，长期来看、整体来说，会使社会的财富增加吗?

如果是摄影师得到赔偿，下次他依然依样画葫芦，对这些特殊的底片也不会采取特殊的保护措施。冲印公司这次赔偿大笔金额，为了生存，日后必然提高收费，而且在处理底片的时候也会采取成本更高的操作方式，从而使整个流程变得迟缓、昂贵。而且再发生类似的纠纷，依旧要有司法体系来进行判断，白白耗费可贵的司法资源。

如果冲印公司只赔偿了几卷底片的费用，摄影师吃了大亏，于是以后对于这些特殊的底片当然要格外谨慎，而其他的摄影师也会见贤思齐。冲印公司对于指明要特殊处理的底片，自然也会特别慎重，当然收费也高，而对一般的底片收费较低，这种双轨制的办法其实对各方均为有利，长远来看，社会的财富会越来越多。因此，从“财富最大化”的角度，不应该让摄影师得到完整的赔偿。

作者建议大家要多掌握一些经济学的原理，多用一些经济学的语言。一位警官碰到同事为情所苦想自杀，苦口婆心希望能挽回。可是“上有高堂老母，下有幼龄子女”的说道，似乎也没有对同事发挥作用。后来他用经济学的语言换了一种说辞：“你自杀之后，如果她真的回心转意，你已经死了；如果她无动于衷，甚至如释重负，你不是白死吗？自杀值不值得，你自己可要想清楚。”据说此语一出，效果奇佳。虽然他没有用“成本”二字，但他的论点所在就是要让对方想清楚对自己而言自杀的成本。

我们说在法学里面，一个最重要的概念应该就是“正义”；在经济学中，让经济学者举出最重要的概念，大概非“成本”莫属。正义和成本看起来相隔遥远，截然不同，其实成本对法学也非常重要。

第二个叫“温度”。

有一年我们上海市高级人民法院原副院长、江苏省人民检察院现检察长刘华同志，让我给全省的检察官作了一个讲座，我的题目就是“做一个温暖的法律人”。

当时我就讲，衡量一个行业的成熟度，可以把握两个标准。一个是规范、完善的自律规则体系，另一个是有底线、能包容的行业文化建设。我说法律人要有三个统一：服务当事人权益的力度，建设法治中国的高度，履行社会责任的温度，“三度俱全”！我们手上要有力度，说的是法律；眼中要有高度，讲的是政治；心中要有文化，要的是温度。为了提升温度，我们要读万卷书，行万里路，阅万般人。

如“子曰：质胜文则野，文胜质则史。文质彬彬，然后君子”。亦如当年的东吴大学法学院，其课程表中有大量的诸如西方绘画、音乐等艺术类课程。该院第二任院长盛振为说：“法律是调整社会关系的，法官是要具有高尚情操的，所以这些课程的开设是非常必要的。”

我一直对我们的年轻律师说，要从《论语》中感悟作为法律人的“温度”。《论语》中有句话，讲的打官司的事，“片言可以折狱者，其由也与”。为什么子路能够“片言”可以“折狱”呢，因为子路为人诚实，以诚相待，温润如玉。于是人们看到子路，都不忍心对他说假话，必然要把真实的情况告诉他，所以他不需要多听、兼听，只听单方之言就可以判案了。孔子当然也是十足的“暖男”。例如，“厩焚。子退朝，曰：伤人乎？不问马”。再如，“子钓而不纲，弋不射宿”。

“于欢刺死辱母者案”改判5年，“天津赵春华摆地摊打气球”被判三年半，“内蒙古王力军收购玉米案”改判无罪，这些判决无不体现了人民法官的温度。

还是习近平总书记说得好：一纸判决，或许能够给当事人正义，却不一定能解开当事人的“心结”，“心结”没有解开，案件也就没有真正了结。[1]

---

1 参见中共中央文献研究室编：《习近平关于全面依法治国论述摘编》，中央文献出版社2015年版。

前段时间有一个小视频走红，说的是一位网红老爷爷、美国法官卡布里奥。他说，“绝大多数见到法官的人都是唯一一次和法庭打交道，我不想让法庭吓到他人，所以我对他们展示足够的同情和理解，当然最重要的还是公正”。他又说，“我一直以来在努力对大家做的事情，有时候人们批评我太宽容了，我不是在宽容，我是在帮助人们，我在努力提醒人们内心深处的东西”。令人动容，发人深思。

第三个是“协同”。

我这里借用最高人民法院党组副书记、副院长江必新同志的一句话。《人民法院报》报道：今年2月9日上午，第三巡回法庭组织召开巡回区省（市）律师协会负责人、律师代表座谈会。最高人民法院党组副书记、副院长、第三巡回法庭庭长江必新出席会议并讲话。中华全国律师协会副会长、全国律师行业党委委员吕红兵，全国人大代表、江西省律师协会副会长冯帆等与会代表一致认为，三巡在过去的1年紧紧围绕中央设立巡回法庭的改革初衷，锐意进取、拼搏奉献，执法办案工作呈现出专业化、规范化、便民化的鲜明特点，赢得了当事人、诉讼代理人以及巡回区各界的广泛好评。与会代表结合各自工作实际，就进一步做好三巡各方面工作提出了相关意见建议。在认真听取与会代表发言后，江必新指出，协同诉讼理念旨在激发诉讼关系多方主体的积极性，通过适当强化法院职权的运用，重视当事人之间的协商合作，强调法院与当事人、诉讼代理人以共同作业体角色协同发现案件真实，实质化解矛盾纠纷，有效实现案结事了。协同诉讼模式贴合我国法律文化传统，有助于降低诉讼成本、提高诉讼效率、实现诉讼价值。

江院长这里指出“协同”，无疑是非常重要的，应该成为法官的基本素质。

全国律师工作会议上说：律师要“在案件细节上较真”，要“在诉讼环节上挑毛病”，要“在起诉书和判决书的字里行间发现漏洞”，有助于司法精确和司法公正。

沈德咏副院长也说：“律师是人民法院的同盟军。辩护律师是法庭最可信赖和应当依靠的力量。”

我也记得周强院长在一次讲话中说，“对法院老是把律师赶出法庭百思不得其解”。

原上海高院副院长邹碧华说得好：“律师对法官的尊重程度，体现了一个国家的法制发达程度；法官对律师的尊重程度，体现了一个国家司法公正程度。”

浙江省高级人民法院前院长齐奇，在上海市高级人民法院做过常务副院长，对我们上海律师协会工作非常关心。他曾指出：“评估每个法官的司法能力、水平、职业道德、公信度如何？律师是最有发言权的人之一。律师们心里亮得很，他们心里最清楚这个法官怎么样，那个法官怎么样。”

五

最后我想说，法官与律师在一起，应该是一个什么样子呢？我的理解，建立并完善法官和律师之间的新型关系，进而建立并完善法律职业人之间的新型关系。

这个新型关系用全国律师工作会议精神的表述就是：“彼此尊重、平等相待，相互支持、相互监督，正当交流、良性互动。”我的体会，核心四个字“互信、互动”；形式上则应该是，“组织上多往来，私下里慎交往”。

我理解的“互动”至少有九个方面：互动的职业规范、互动的规则制定、互动的资料交流、互动的业务培训、互动的文书公开、互动的任职交流、互动的提示警示、互动的权利保障、互动的认知认可。

例如，在职业规范方面。我们法律人自然有共同之处，核心一个叫作“德”，另一个叫作“能”，就是要德才兼备、德技俱佳、德艺双馨。十几年前有律师事务所做过调研：关于“最欣赏的律师优点”，在被访法官中，有46%的法官选择“恪守职业道德”，而选择“法律专业娴熟”与“业务精深”的比例也达41%。关于“最欣赏的法官优点”，在被访律师中，有 42% 的律师选择“业务精深”，有 33% 的律师选择“刚直不阿”。其实这个结论现在也是如此。

再如，互动的规则制定。应特别强调人民法院在制定审判规则时律师的制度性参与。周强院长就曾强调：“进一步完善司法解释的工作程序，保证司法解释制定过程公开透明……有利于吸纳社会公众的意见和建议。”

又如，互动的文书公开。应加强人民法院法律文书释法说理，裁判文书可以充分引用律师代理意见，并有针对性地回应，于是通过裁判文书公开，借以实现律师代理意见公开。

另外，互动的任职交流。早在 2012 年上海“两会”期间，我就提交过一份“推进建立从优秀律师中选拔法官的机制建设”的提案，建议法院与律师协会共同制定推荐律师担任法官的细则。虽然目前从执业律师当中选拔法官“叫好不叫座”，但坚持不懈，则一定能修成正果。

还有互动的权利保障。我给上海市高院相关领导提过建议，就是在保障法官的职业权利方面，可以充分发挥律师协会的作用。2016 年 10 月，上海市高院与市律协共同签订了全国首份有关律师支持法官依法履职的倡议书，提出律师要引导当事人充分尊重司法权威的具体倡议。

最后说到互动的认知认可。谈及法官与律师的关系，邹碧华同志是一个标志性的人物。我本人是邹碧华先进事迹报告团5名成员之一，我的报告的题目就是他微信朋友圈上发的最后一句话——希望让律师执业环境越来越好。在我的报告中有这样一句话："邹碧华对律师的尊重，远远超出了对某一个个体律师的关心，其实是对律师职业的尊重，对律师行业的呵护，对律师制度乃至于对法律制度的敬畏！"

这，就是在律师眼中，好法官的样子！这，就是律师和法官在一起的应有样子！

六

最后，要感谢全国法院中青年法官培训班的同志们，特别感谢张东方院长的专业主持、奚丹霓大记者和武中立院长的精彩"对谈"、赵耀彤等法官的真知"共谈"、贺庆和李成斌二位主任的悉心策划！

（这是作者2018年12月1日在最高人民法院法官学院"中青班"上的讲课整理）

10

精彩在延续，成功不间断

“西部律师发展论坛”，大咖云集，高手荟萃，共同“拥抱新时代”，勠力“服务新发展”！老友相聚，不嫌多；新朋初识，见恨晚。这是一个展示才华的大舞台，这是一个交流心声的大平台，这是一个其乐融融的大家庭，这是一个同舟共济的共同体。

非常高兴和荣幸参加本次论坛，并为之作总结。

一天半的大会论坛，无数次的头脑风暴。这是一次精神大餐，这是一场思想盛宴。

刘天海厅长与王俊峰会长之讲话，高屋建瓴，指明西部律师事业发展方向，不说是纲领性文件，至少是指导性意见。

马怀德校长，高谈“律师在法治政府建设中大有作为”；陈明国院长，阔论“当代法律人的时代使命”，尽显大学者与大法官的造诣与情怀。谢佐参事有关“青海传统文化与现代化”的演讲，又令我们感慨大美青海之文化魅力。

昨天下午五大分论坛板块，再加上今天上午主题论坛楚道文教授、张彦珍理事长两位嘉宾之精彩演讲，正是“赤橙黄绿青蓝紫，谁持彩练当空舞”！

“赤”者“红”也！正好说的是“党建引领，促行业发展”。我想用两位律师讲者的题目，作为组合来评价：“传承红色基因，探索律所建设新模式；践行党建铸魂，催生行业发展新活力。”在这里，我想再补充几句话。

今年3月的全国人大会议，把“中国共产党领导是中国特色社会主义最本质的特征”写入《宪法》总纲第一条，充实坚持和加强党的全面领导的内容。有法学家分析，把党的领导由序言变正文，由非显性变显性，由确认变规范，由原则变制度，由柔性变刚性，使我国国体的表述更加科学、更加全面，为实现党对一切工作的领导提供了宪法依据。

律师是法律工作者，以律为师，以法为本，对国家宪法和法律的实施负有法定义务，维护当事人合法权益、维护法律的正确实施、维护社会公平正义，是律师法赋予律师的神圣职责。

在此基础上，于此背景下，律师行业加强党建工作，就是崇尚宪法、维护法律，必须履行义务，行使职责，理直气壮，雷厉风行，守土有责。

“橙”，是一种黄中呈红的颜色，也正匹配“物竞天择适者生存——用新思维新举措促进律师业务开拓与发展”这一主题。在这一分论坛中，大家谈到品牌建设，谈到一体化律所，也谈到法律服务定价。在此想到上个月我代表全国律协参加的山东省律协的一个论坛，“新旧动能转换与律师业发展”，可谓异曲同工、殊途同归。“新思维新举措”也好，“新旧动能转换”也罢，其实说的就是要贯彻“新发展理念”。

同样，今年3月全国人大通过的《宪法修正案》也写入了“贯彻新发展理念”。在提交大会审议的《宪法修正案》说明中，有这样的表述：“创新、协调、绿色、开放、共享的新发展理念是党的十八大以来以习近平同志为核心的党中央推动我国经济发展实践的理论结晶，是习近平新时代中国特色社会主义经济思想的主要内容，必须长期坚持、不断丰富发展。”

新发展理念，对破解发展难题、增强发展动力、厚植发展优势，可谓意义重大。作为专业法律服务的提供者，我们律师行业应当学习并领会、理解与掌握这一理念，贯彻且落实于拓展业务和事业发展之中。

理念乃行动之指南。《中共中央关于制定国民经济和社会发展第十三个五年规划的建议》强调，“发展理念是发展行动的先导，是发展思路、发展方向、发展着力点的集中体现……以发展理念转变引领发展方式转变”。

于是，我们要牢固树立律师服务于发展大局，即服务于经济建设、政治建设、文化建设、社会建设、生态文明建设和党的建设的“服务观”，充分认识法律服务的“从属性”与“适应性”，深刻研究经济发展规律以及律师执业规律、律所管理规律、行业自律规律，从而形成并优化法律服务的新理念、新思想、新战略，为深化改革开放、加快推进社会主义现代化建设提供优质高效的法律服务。

当然，在充分认识并发挥法律服务规范性、保障性功能的同时，我们要进一步理解与把握法律服务的引领性与推动性价值。

习近平总书记多次指出，建设中国特色社会主义法治体系，要“发挥法治的引领和推动作用”“凡属重大改革都要于法有据”。[1] 同样，法律服务的功能不仅是保驾护航，而且还应该是推波助澜；不仅规范、保障，更有引领、推动。例如，企业“走出去”，律师不是被动地跟着“走出去”，而是主动、率先研究“走

1 《习近平主持召开中央全面深化改革领导小组第二次会议》，载新华社，2014年2月28日。

出去”的法律制度与法治环境，引领并推动企业“走出去”，发挥“革命军中马前卒”的独特魅力。

“黄”恰好对应分论坛第三板块“法治建设与律师服务”！法律人对“法治”一词最有研究，过去我们说“法治”是“有法可依，有法必依，执法必严，违法必究”，现在我们说“法治”是“科学立法，严格执法，公正司法，全民守法”，于是，律师应该全过程，全方位，全角度，全覆盖地为法治建设提供优质高效规范的服务，在此过程中，一个都不能少，一个也不可缺。在这一分论坛中，大家谈到依法行政，谈到参与立法，谈到参与信访。

在这里，我想强调一下政府法律服务。政府法律事务，头绪众多、事务繁杂、涉及面广、时间紧急，新事项层出不穷、老问题盘根错节，其复杂性、专业性、艰难性对我们法律顾问提出了挑战。我想，应对挑战只有“华山一条路”，那就是依法、独立、专业。所谓律师，以律为业、以法为师，解决法律问题只有凭借法律思维，依靠法律方式，把握法律规定的本质含义，运用法律规范的内在逻辑，努力做到游刃有余、使问题迎刃而解。作为兼职法律顾问，其特殊优势在于独立，不仅应做到“会说”“能说”，而且更要做到“敢说”“愿说”，说“实话”，讲“真话”，独立思考、独立判断、独立担责。专业人士，专业意见，或许不全面，但一定很独到，避免政府决策偏听则暗，努力实现兼听则明。兼职法律顾问要做到不当“花瓶”，形同摆设，一片祥和；也不做“愤青”，处处反对、处处指责。应当与专职政府法律顾问一起，塑造优秀的“法律顾问队伍”，成为政府的好参谋、好助手、好顾问、好智囊。

“信息技术与法律服务”这个话题，应景且超前，潮流并热点。大行其道，可谓“绿”色。在这个分论坛中，大家谈到人工智能、大数据，也谈到区块链、自媒体。

以人工智能为例。在此有两个彼此相连的课题。第一个是，法律服务如何服务智能时代；第二个是，人工智能如何服务法律服务。

先说第一个，法律服务如何服务智能时代。人工智能是“人”吗？这是一个民法的问题。无人驾驶是不是“老司机”？这是一个交通法的疑问。人工智能犯罪，那谁是“罪犯”呢？这是一个刑法的问号。再说第二个，人工智能如何服务法律服务。先说说记者朋友吧，去年的腾讯媒体＋峰会在上海举行，会议现场撰写新闻稿的不是年轻的美女记者，也不是帅气的记者小哥，而是一个智能机器人 Ta，“DREAM WRITER”。嘉宾发言结束后，几分钟内一篇像模像样的新闻稿新鲜出炉。在场的很多老记者不仅赞叹，更惊叹自己“风采不再”“失业渐近”。还好的是我们在座的法律人！《科学》杂志此前有一篇文章，网上颇为走红，讲的是“智能机器人淘汰人工概率最大的 365

种职业”，律师和法官，很幸运地被并排列在第 38 位，被取代概率为 3.5%。去年 7 月，一款可以借助 AI 免费做法律指导的聊天机器人正式在全美 50 个州上线，开发者将其称为“世界上首个机器人律师”，但它的功能仅仅是帮助不懂法律的普通人写出符合格式要求的诉状而已。

当然，智者总是未雨绸缪，强者定能运筹帷幄。“智慧法院”建设早已如火如荼，去年 7 月，在千里之外的贵阳，时任贵州省高级人民法院孙潮院长和上海市高级人民法院崔亚东院长一展互联网大数据人工智能给人民法院带来的新风貌。我的理解是，大数据审判系统第一有助于法官审案，提振审判工作效率；第二有助于法院管案，提高公开公正水平；第三有助于老百姓尤其是法律工作者判案（预判案件），提升便民服务的能级。当今，一批“智慧律所”的代表性人物正在风起云涌，正可谓“弄潮儿向涛头立，手把红旗旗不湿”。与检法相比较，律师行业，应该不落伍、不落后，要做到能对接、能匹配。虽然很难，但一定要做。

再说说“青”，就是“法律服务与社会责任”。衡量一个行业的成熟度，可以把握两个标准：一个是规范、完善的自律规则体系；另一个是有底线、能包容的行业文化建设。

在文化建设中，公益不可或缺、无法替代。公益是情感，是情怀；公益是价值引领，是精神世界。于是我们的律师行业，服务当事人权益的力度、建设法治中国的高度、履行社会责任的温度，“三度”俱全，相得益彰。

最近一期的《中国律师》杂志，刊登了我写的一篇卷首语，《攻坚精准脱贫：法律不缺位，律师必行动》。我注意到，本次论坛也有律师提交了“提升法律扶贫有效性”的论文。

我的建议是：应当切实树立“法律扶贫观”，增强精准扶贫工作中的法律意识和法律能力，将法治宣传和教育、法律服务与援助、司法引导和保障，在精准脱贫攻坚战中，覆盖全领域、贯穿全过程。应当加快推进“律师进农村工程”，争取让精准扶贫所涉区域的每一个村庄，都能够享受公共法律服务尤其是律师的专业服务，在法律矛盾得以妥善化解的同时，法律意识亦得到稳步提升。

应当进一步完善政府购买法律服务的机制，对提供公共法律服务的机构和组织给予财力上的支持和保障，并加大宣传、奖励力度，培养一支懂农业、爱农村、爱农民的“三农”法律服务队伍，推进法律扶贫长效机制建设，打赢、打好精准脱贫攻坚战。“待到山花烂漫时，她在丛中笑”。参与精准脱贫，既是律师执业服务之战场，更是社会责任履行之舞台，奉献着，快乐着！

说到“蓝”，就是楚道文教授所演讲的“律师服务生态文明建设的角色定位”，教授已经说的很全面、很透彻了。我也一直说，为生态文明建设提供法律服务，是律师法律服务的“蓝海”，前景广阔，前途无量。

今年 7 月，长江经济带 11 个省级律师协会会长云集武汉开会，我在总结发言中将其命名曰“J11”，“J”就是长江的意思。我说，为生态文明建设提供优质法律服务，于中国律师尤其是 J11 律师而言，义不容辞。长江经济带发展的核心正是生态环境保护。生态文明建设法律服务，既是律师的业务，更是律师的义务；既是律师的服务市场，更是律师的社会责任。与其他诸多成熟的律师业务不同，生态文明建设法律服务，尚属创新业务、探索业务、拓展业务，因此更多的是体现律师的奉献，彰显律师的责任，很多情况下还是“叫好不叫座”（在声誉上叫好，而在收入上并不叫座）。今年 5 月我们中国律师代表团和德国律师进行环境保护法律交流，德国律师也实事求是地特别谈到，环境保护专业律师的盈利模式还应该进一步探索。也正因为如此，律师协会不能缺席，应当充分发挥动员与组织、培养与培训、交流与合作、共建与共享等特殊功能，为生态文明建设法律服务出实招、下实功、干实事。

同时，为生态文明建设提供优质法律服务，对中国律师尤其是 J11 律师而言，亦属当仁不让。我们律师应该有一种舍我其谁的志气，开创生态文明建设法律服务的新局面。我们这次西部论坛的参与方共有 14 个省、自治区、直辖市，以及新疆建设兵团的律师协会，我们可以把它叫作“W15”，“W”就是“WEST”。W15拥有10万律师之重！西部，乃“头部”，乃“源泉”。头部，说的是“君住长江头，我住长江尾”；源泉，就是讲三江源，在西部、在青海。于是西部律师，可谓居高临下！同时，西部律师可谓“后发优势”，如“绿水青山就是金山银山”的后发优势一样。在此背景下，为生态文明建设的法律需求，来供给及时、优质、规范的法律服务，是W15律师、律所尤其是律协，必须为之，也应该为好的一份千年大计、百年大事。

最后是“紫”。律师行业，要好好干一件事，要干到“红得发紫”一般，那就是张彦珍理事长给我们语重心长、谆谆教诲的“1+1”法律援助！

今年春节前受全国律师行业党委的委托，我与全国律协的几位同事冒着零下28度的严寒，飞赴新疆去看望了一位律师，就是“全国道德模范”“CCTV年度十大法治人物”陈贤。

一位安徽律师，不远数千里，来到祖国边疆，辗转藏蒙疆，多年来一直为当地百姓送上法律温暖，这是一种什么精神？在与陈贤交流过程中，丝毫感受不到她的苦与累、艰与辛，她时刻洋溢着一种激情与幸福感，一种奋斗的激情，一种奉献的幸福。刚才张理事长历数1+1律师群像之事迹，陈贤律师是其中的典型代表。赠人玫瑰，手有余香！感人至深，可歌可泣！让我们再回味一下张理事长的这句话："让正义得到伸张，让权益得到维护，让群众感受到公平正义就在身边。1+1 法援工作，功在当代，利在千秋。"

"赤橙黄绿青蓝紫"，这正是七彩的律师群体，也正是律师的七彩人生。身处这样一个新时代，我们感恩，我们追寻，我们奉献，为法治中国添砖加瓦，再立新功。

"你方唱罢我登场"，"大珠小珠落玉盘"。聚是一团火，散是满天星。大幕即将关闭，可是我相信，我的这个总结只是逗号，最多是分号，但绝不是句号，西部律师的精彩在延续，西部律师发展的成功从不间断！

论坛中不知觉，秋天已至。古人有诗云："睡起秋声无觅处，满阶梧叶月明中。"还有一句："未觉池塘春草梦，阶前梧叶已秋声。"让我们只争朝夕，再创辉煌！

（这是作者2018年8月24日在2018西部律师论坛上的总结发言）

11

努力实现从合伙人向接班人的华丽转身

今天我们在这里，举行一个结业典礼，虽不算隆重，也还是正式。之所以如此，关键是个“礼”字。我想起孔子说过的那句话，“不知礼，无以立也”。而何为“礼”？孟子说：“恭敬之心，礼也。”

因此，我们通过这样的方式、这样的仪式，来表达我们对学校、老师以及我们的组织，还有我们的学习本身的恭敬之心！

刚才刘乃进律师代表学员们发言，非常好，体现了国浩新一代合伙人的水平！如果说他的主题词是

“梦”，则我接下来主要说“人”。

今天在座的学员大部分是各办公室的合伙人，国浩对自己的合伙人是有要求的。我一直对合伙人说五句话：拓市场、做业务、带队伍、控风险、谋发展。这是国浩合伙人，其实应该也是律师事务所合伙人的基本职责。

不过今天我们的培训班，不是针对普通的律师、一般的合伙人，而其目标在于培训和培养国浩英才，或者说，国浩事业发展的接班人。我们的于宁主席，是北大法学院的杰出校友，生前亲自牵头组织了这个英才培训班，今天咱们这个班，已是第二期了。此刻在大家行将结业之时，我想对大家说四句话。

一是，传承、传播、传扬。

传承理念、传播文化、传扬品牌。国浩是什么？1998年6月，经司法部批准，北京张涌涛律师事务所、上海万国律师事务所、深圳唐人律师事务所发起成立了国浩律师（集团）事务所（后更名为“国浩律师事务所”）。国浩是中国最大的法律服务机构之一，是投融资领域尤其是资本市场最为专业的法律服务提供者，是一家关注并践行社会责任的律师事务所。第一句说明的是“大”，即规模化；第二句话表达的是“专”，即专业化；第三句告诉大家“责”，即社会责任以及法律人应有的担当。

国浩应该有什么样的文化？可以仁者见仁、智者见智，但我们首先要强调海纳百川，毕竟国浩已在全球拥有25个办公室、近2000人的队伍。其次要突出专业为王，因为我们是法律专业服务机构，这一点毋庸多言。再次要重在责任至上，尤其今天在北大校园，不谈使命感、责任感和家国情怀，是不可以的。我专门去过北大博物馆，“五四”运动中北大学生喊出了“北大、北大，一切不怕；不怕、不怕，北大北大”的战斗口号，为国家兴亡无所畏惧，冲锋陷阵。最后要致力追求卓越，我们要努力做得更好，或许达不到最好的目标，但我们必须一直行走在追求更好的路上。

在刚才来法学院教室的路上，我不禁想起孟浩然的诗：“人事有代谢，往来成古今。江山留胜迹，我辈复登临。”今天我们强调接班人，意义也正在这里。有一本书《工匠精神》，其中有三个字：守、破、离。我的理解，守就是坚守，这是传承的前提、传扬的基础；破就是突破，接班人不能因循守旧，故步自封；离就是创新，站在巨人的肩膀上努力前行。于是，我们的事业就会可持续发展，薪火相传，源远流长。

二是，能力、能量、能耐。

我们要提升业务能力、增加管理能量、强化协调能耐，因为大家不是一般人、一般合伙人，而是管理人、接班人。

正因为如此，我们培训课程的安排，不只是安排“术”，更强调“道”；老师们教的，不仅是“方法论”，而且更有“世界观”。希望大家能体会到我们组织者的良苦用心。而且，我们把培训班安排在北大校园，让大家居住在北大宿舍，正是希望学员们能呼吸北大的气息、感受北大的脉动，如其文化的厚重，如其精神的担当。各位可能去燕南园转一转了吧，君不见，燕南园 56 号就是周培源先生的故居，现在是北大美学研究中心的基地，57 号是哲学家冯友兰先生著书地，60 号是语言学家王力先生立说处；而马寅初、朱光潜、翦伯赞、冰心、吴文藻等大家，都曾在这里工作与生活。就连这里的树、这里的鸟都与众不同，尤其是这里的猫，被师生们叫作“学术猫”“文化猫”。除了厚重的文化，便是担当的精神，离燕南园不远处，便是一块刻有厉以宁先生“敢当”二字的巨石，这正是北大精神的写照！

打造或者更准确地说打磨我们的能力、能量与能耐，任重道远！

三是，公道、公正、公益。

我们要秉持公道之心，常行公正之举，多做公益之为。作为管理者与接班人，要有包容之心，须为共享之道。而且要慎独，举头三尺有神明；要戒独，力戒独断专行。除了做好业务、做好管理，要多为本所公益、行业公益、社会公益。正可谓一花独放不是春，百花齐放春满园，我们从来都不是一个人在战斗，要有团队意识、集体意识、组织意识、大局意识。而且，要以自己的魅力与组织的文化，实现“近者悦、远者来”，让我们队伍更壮大、事业更发展。

四是，勤奋、勤恳、勤勉。

有一句话说，怀敬畏之心，用洪荒之力。大家都是苦孩子，没有拼钱的资本，没有拼爸的资格，于是只能去拼命！职场上有“8、12、18、24”现象，如果说普遍员工工作时间为 8 小时，那么负责任的员工可能努力工作 12 小时，而作为管理者，非 18 个小时不以足矣，最后 24 小时则表达的是大老板连做梦都是在思考工作。没有勤奋，一事无成；只有勤恳，方有成绩；勤勉尽责，大功告成。如在座的刘乃进律师，勤奋写作、勤勉讲学，于是著作等身，立“言”立“功”！

其实上述四段话，就是说的“德”“才”“廉”“勤”。如果说我们已经实现了胜任“合伙人”的“小目标”，那么便以勇于敢当“接班人”作为“大方向”，努力实现从合伙人向接班人的华丽转身，在国浩这个平台上不懈“格物、致知、诚意、正心”，致力“修身、齐家、治国、平天下”！

（这是作者 2016 年 12 月 23 日在第二届“北大国浩英才培训班”结业典礼上的讲话）

12

以疫情为镜，律师有哪些“本领恐慌”

疫情是一场大考。在这场大考面前，广大律师全方位法律服务，多角度法治思考，宽领域建言献策，充分发挥了律师的专业功能和聪明才智，充分向全社会说明这是一支过硬的律师队伍。正是“疾风知劲草，板荡识诚臣。”当然，我们律师们也暴露出一定程度的法律服务的不足、业务研究的短板、专业领域的弱项。正可谓，疫情乃一面镜子，如唐太宗李世民所言，“以铜为镜，可以正衣冠；以史为镜，可以知兴替；以人为镜，可以明得失。”

面对如此严峻的疫情所引发的法律服务需求，律师队伍怎样才能招之即来、来之能战、战之能胜，不怕打硬仗、善打遭遇战、敢打阻击战，还需要我们进一步思考、细节性打磨、高强度锤炼、大幅度提升。趁此尚未大规模、全方位、夜以继日上班之时，以“此情无计可消除，才下眉头，却上心头”的心思，细细思量，深深思考，切磋琢磨，以求精进。

一

可以说，本次大考给律师们提了一个公共卫生领域法律服务的问题、新问题、有难度的新问题。总体而言，我们对医疗、医药、医院、医保、医政、医改、医学知之不多，更谈不上熟知。对医疗卫生方面的法律法规掌握的全面性、系统性、阶段性、及时性均不是那么充分。于是大敌当前，关键时刻，就显得略有些仓促应战、捉襟见肘，有临时抱佛脚之感，工具箱里面拿不出“雪藏”的足以一针见血、一剑封喉的工具。

在日常服务活动中，我们的医疗法律专业律师较多侧重于解决医患矛盾，特别是参与医院与患者纠纷的诉讼。对于医疗卫生系统相关的非诉讼业务，包括医药医疗器械的研发、生产、销售及其全过程监管方面的现有规范以及最新立法，基于疫情期间我对各大律协及各大律所微信公众号发布的文章浏览，好像大家关注较少、参与不多。

例如，这次颇引人注目的“同情用药制度”，少有律师做过深入研究、比较分析、法律论证。2020年2月5日，北京中日友好医院宣布启动对瑞德西韦治疗新型冠状病毒患者的临床研究；2月6日，瑞德西韦在武汉金银滩医院开启临床试验，第一批新型冠状病毒感染的重症患者开始接受用药。此次临床试验在新型冠状病毒疫情严重的特殊情况下进行，在开展临床试验的机构内使用尚未得到批准上市的药物，属于同情用药制度的范畴。

其实，国家食品药品监管总局办公厅2017年12月15日即发布过国家食品药品监督管理总局药品审评中心组织起草的《拓展性同情使用临床试验用药物管理办法（征求意见稿）》，向全社会公开征求意见；我国2019年修订的《药品管理法》第23条对同情用药制度也作出了原则性规定。当然，这部法律并未对同情用药制度的申请人、申请程序及责任承担等具体问题进行明确。应该说，这一法律制度对特殊状态下治病救人，对维护患者合法权益、保障公民生命安全，具有极其重要的意义，律师群体对此应该有更多些的探讨与更深入的研究。

二

与此相关，还有一个更为专业的要点，就是医药医疗领域的知识产权问题。

2 月 4 日，中国科学院武汉病毒研究所在其网站上公布如下信息:“对在我国尚未上市,且具有知识产权壁垒的药物瑞德西韦，我们依据国际惯例，从保护国家利益的角度出发，在 1 月 21 日已申报了中国发明专利（抗 2019 新型冠状病毒的用途），并将通过 PCT（《专利合作条约》）途径进入全球主要国家。”专家指出：“如果国外相关企业有意向为我国疫情防控作出贡献，我们双方一致同意在国家需要的情况下，暂不要求实施专利所主张的权利，希望和国外制药公司共同协作为疫情防控尽绵薄之力。”

在这里提到的《专利合作条约》（Patent Cooperation Treaty，PCT），是专利领域针对简化专利申请流程的一项国际合作条约，中国已经于 1994 年 1 月 1 日加入。律师们应该把握这一条约的精髓，给政府以及相关机构提出法律建议，使其及时、充分、精准地运用这一机制，为疫情防控工作作出特殊性的贡献。对此，可以建议政府应当充分利用 PCT 机制，统筹协调科研机构或相关医药企业，与国外专利权申请人充分沟通、密切合作，从人类健康安全出发，在非常时期协同研发、共同授权，在为抗击疫情作出贡献的同时，进入全球主要国家，为全球人民的健康作出应有的努力。

知识产权方面还有一个要点，就是如何依法实施“专利强制许可制度”。《专利法》第六章规定了专利实施的强制许可制度。其中第49条规定：“在国家出现紧急状态或者非常情况时，或者为了公共利益的目的，国务院专利行政部门可以给予实施发明专利或者实用新型专利的强制许可。”从实践中来看，这一条款很少启动。在目前疫情形势严峻状态下，我们完全可以及时建议政府相关部门依法用好、用足这一法定制度。

由此可见，疫情当前，知识产权律师尤其是在医疗卫生领域更为专业的知识产权律师，正是冲锋陷阵的难逢之际。事实上，我们这方面的权威性人才，感觉还是不那么众多，或者说作用发挥的空间还有很大。

三

第三个方面说说看似律师们日常都在从事的政府法律顾问工作。从全国范围来看，这次政府面对的不是日常的、常规的事项，而是以突发、应急、公共、卫生为主题词的事件。在此危局下，律师在政府法律顾问服务方面，能做什么，又怎么做，怎样做得更好？

与以往政府法律顾问服务的按部就班、研究论证不同，这次疫情对政府本身就是一次前所未有的考试、考验，这个时候不可能是政府提前通知、布下主题，律师充分准备、开会论证，然后双方交流互动、形成决策。更多的应该是政府急招前来，当然最好应该是律师主动请战，一起研究应该如何应对。值此关键时刻，政府肩负法定职责，必须作为，理应担当，同时政府决策时首先应该想到的就是律师；对律师而言，首先想到的就是如何为政府决策提供法律依据。因为政府所为必须依法，越是危急时刻越必须依法，而律师本身就是法律专业人士，此时上阵既义不容辞，亦当仁不让。

《突发事件应对法》第 2 条就明确：“突发事件的预防与应急准备、监测与预警、应急处置与救援、事后恢复与重建等应对活动，适用本法。”其第 48 条则规定：“突发事件发生后，履行统一领导职责或者组织处置突发事件的人民政府应当针对其性质、特点和危害程度，立即组织有关部门，调动应急救援队伍和社会力量，依照本章的规定和有关法律、法规、规章的规定采取应急处置措施。”

除了《突发事件应对法》，《传染病防治法》也是疫情防治工作最重要的法律依据之一。该法第5条明确："各级人民政府领导传染病防治工作。"

因此，我们律师们应该有相当高的敏感性和对法律规定的熟悉度，应急性地、针对性地将法律服务送上政府之门，服务政府刻不容缓！

例如，疫情信息公布。正因为这是一种传染力极强的疫情，从公共安全角度，从保障人民群众生命安全出发，疫情信息公布尤为关键，甚至最为关键。

《传染病防治法》第38条明确规定了"国家建立传染病疫情信息公布制度"，并要求："国务院卫生行政部门定期公布全国传染病疫情信息。省、自治区、直辖市人民政府卫生行政部门定期公布本行政区域的传染病疫情信息。传染病暴发、流行时，国务院卫生行政部门负责向社会公布传染病疫情信息，并可以授权省、自治区、直辖市人民政府卫生行政部门向社会公布本行政区域的传染病疫情信息。公布传染病疫情信息应当及时、准确。"

如果复盘一下春节前后湖北及武汉疫情信息发布情况，基于律师的专业性与独立性，倘若政府安排有律师的及时并强力参与的话，其效果肯定会与此前大有不同。

再如，与此相关的，新闻发布会工作制度。这次疫情处置过程中，各地频繁举行新闻发布会，应该说总体效果良好。不过在湖北省以及武汉市政府早期召开的新闻发布会上，几位主要领导出现的令公众大跌眼镜的“乌龙事件”引发了更多评价。应该说，各地政府召开如此重大的公共卫生突发事件的新闻发布会，是少不了律师的全方位且深入性参与的，政府的法治思维应该包括用早、用足、用好律师的内容。

律师参与其中，可以对发布的内容从合法性角度进行审核，保证其内容不违反法律规定或者有法律依据，避免引发媒体与公众对发布内容从法律角度的质疑。对所发布事实的客观的真实性与阶段的完整性，从规范的角度字斟句酌，避免歧义，以实现文字表达与新闻发布的准确性。其实许多国家的做法都可以借鉴，其政府新闻发言人大多是法律科班出身，甚至本就当过执业律师。律师参与新闻发布工作不是要增加“雄辩”甚至“诡辩”因素，而是要本着对法律的专业理解和事实的客观态度，回应关切，回复疑问，增加公信，增强权威。

另外，我们应该特别关注征用制度。《突发事件应对法》第 12 条规定：“有关人民政府及其部门为应对突发事件，可以征用单位和个人的财产。被征用的财产在使用完毕或者突发事件应急处置工作结束后，应当及时返还。财产被征用或者征用后毁损、灭失的，应当给予补偿。”第 52 条进一步规定：“履行统一领导职责或者组织处置突发事件的人民政府，必要时可以向单位和个人征用应急救援所需设备、设施、场地、交通工具和其他物资，请求其他地方人民政府提供人力、物力、财力或者技术支援，要求生产、供应生活必需品和应急救援物资的企业组织生产、保证供给，要求提供医疗、交通等公共服务的组织提供相应的服务。”“履行统一领导职责或者组织处置突发事件的人民政府，应当组织协调运输经营单位，优先运送处置突发事件所需物资、设备、工具、应急救援人员和受到突发事件危害的人员。”

《传染病防治法》第45条规定：“传染病暴发、流行时，根据传染病疫情控制的需要，国务院有权在全国范围或者跨省、自治区、直辖市范围内，县级以上地方人民政府有权在本行政区域内紧急调集人员或者调用储备物资，临时征用房屋、交通工具以及相关设施、设备。”

因此，什么情况下征用、谁来征用、如何征用、征了如何用、用后如何补等一系列法律问题，律师都可以提供咨询意见。

而且，律师担任政府法律顾问，还有一项重要的职责就是参与地方立法。此次疫情下的地方立法，与以往不同的是带有应急的性质。为了迅速控制疫情，何时立，谁来立，立什么，怎么立，尤其是其中如何强化社区、企事业单位和个人的义务与责任，既有政治性，又是技术活。

以上海市人民代表大会常务委员会《关于全力做好当前新型冠状病毒感染肺炎疫情防控工作的决定》（2020年2月7日

上海市第十五届人民代表大会常务委员会第十七次会议通过）为例，其中就规定："机关、企事业单位、社会组织对本单位落实各项疫情防控措施负有主体责任，应当强化防控工作责任制和管理制度，对重点人员、重点群体、重要场所、重要设施实施严格管控，加强健康监测，发现异常情况及时报告相关部门。""个人应当做好自我防护，进入公共场所的，自觉佩戴口罩。个人应当按照规定如实提供有关信息，配合相关部门做好疫情防控工作，依法接受调查、监测、隔离观察、集中救治等防控措施，确保疫情早发现、早报告、早诊断、早隔离、早治疗。"

律师们应该从《宪法》《突发事件应对法》《传染病防治法》《民法典》《刑法》等多部法律角度，进行分析、做出论证，甚至针锋相对，抓住一点不及其余，避免最后出台的法规剑走偏锋，过度、过分、过火，在维护公共安全的同时依法保护公民权益，为这些规定的顺利出台，特别是良好效果，起到"兼听则明"的不可或缺的作用。

最后，医学专家再三强调，目前针对新型冠状病毒引发的肺炎没有特效药。在此信息下，我们作为律师应该非常敏感地将自己的思考延伸至医药科技研发以及相关的知识产权法律制度上去。例如，前述所谈到的《专利法》第六章规定的"专利实施的强制许可"制度，作为律师完全可以建议政府相关部门从实施专利强制许可的角度推进新药研发、药品生产与临床应用。

在天津滨海新区特别重大火灾爆炸事故处理时，我们专门写过一篇文章——《硝烟散去，律师该上场了》。文章写道："2015年8月14日18时召开的'8·12'瑞海公司危险品仓库特别重大火灾爆炸事故第三次新闻发布会宣布：目前事故现场明火基本扑灭。大火被扑灭，硝烟亦将散去，善后处置工作刻不容缓，各类法律事项纷至沓来。在这一过程中，律师这支法律服务队伍应该在这一主战场上发挥不可或缺的生力军作用，全方位、全过程、全环节、全覆盖地参与其中，在推进救灾救助及善后过程中，强调法治思维、运用法治方式，特别是将善后处置各项工作纳入良性的法治轨道，并以此向社会公众及世界人民传递、传播法治的正能量。"

在文章中，我们分析了律师法律服务的方方面面，例如，为政府的事故处置工作提供法律支持：事故调查，新闻发布，责任追究，表彰抚恤，赔偿救助，谣言查处，隐患核查；再如，为受损居民的人身及财产权益保障提供法律服务：遇难人员赔偿救助，受损居民人身赔偿，受损居民财产赔偿，受损员工工伤赔偿；又如，为事故责任主体提供承担责任方面的法律服务：调查取证，辩护代理，员工处置，保险处理；复如，为保险公司、侵权人的客户就相关赔偿事项提供法律协助。

还有非常重要的一点就是，为社会公众提供法治宣传，发挥独特作用。社会公众有权了解事实真相，也应理性地看待这次特别重大责任事故本身及其善后处置工作，树立法治意识，推进在法治轨道上化解矛盾、解决纠纷、追求公正。在这一过程中，律师的作用不可小觑。律师以独立、专业的职业身份，可以向社会公众提供安全生产、责任事故、民事赔偿、行政责任、刑事处罚、安全评估、环境保护等一系列的法律知识，减少公众误读、误判，形成更多的共识，求得各方最大的公约数，为事故善后处置创造良好的法治环境与舆论氛围。

文章最后说："律师参与类似重大责任事故的处置工作，不是为了钱，不是为了名，不是找麻烦，不是来添乱，是为了履行社会责任，体现律师的奉献与作为，是法律工作者，是矛盾化解人，是沟通润滑剂。通过律师及各方的不懈努力，将事故责任处置工作从一开始并至终在法律思维与法治方式下进行，切实维护人民群众的合法权益，切实维护法律的正确实施与社会的公平正义。"

说到这里，或许有律师会说，我是想参与呀，可是政府也没找我！的确，这里主要是政府外聘法律顾问工作中的花瓶摆设、聘而不用的形式主义问题。当然，从我们自身角度想，如果政府急招，我们是不是足以应对？再进一步说，有没有由于我们自身的因素使政府在第一时间想不到我们呢？如果我们底气足足、信心满满，能不能更主动为之呢？不是政府"请"，而是我们“送”；不是政府“通知前来”，而是我们“主动建议”。如孔子所言“躬自厚”，亦如曾国藩所说“躬身入局，挺膺负责”。

四

说完政府法律顾问事务，再讲讲国际公法服务事宜。

说起中国涉外律师，其更多从事的是有关跨境投资、融资并购、国际贸易、海商海事以及与此相关的争议解决的法律服务。从业务收入角度而言，这是一片蓝海。但是，从本次疫情应对来看，我们应该培养一支精通国际公法的专业律师队伍，甚至是专业律师国家队。

记得2016年7月12日，菲律宾南海仲裁案仲裁庭作出非法无效的所谓最终裁决时，中方多次声明：菲律宾阿基诺三世政府单方面提起仲裁违背国际法，仲裁庭没有管辖权，中国不接受，不承认。当时有行业组织准备发表一个声明支持中国政府立场，但是几乎找不到精通海洋法的执业律师，最后也只能向大学教授们请教。

本次疫情发生后出现的几个重大的国际性卫生事件，更需要我们“审问之，慎思之，明辨之”，深入研究，提供服务，提出建议。

例如，日内瓦时间1月30日21:00（北京时间1月31日04:00），世界卫生组织（World Health Organization，WHO）针对新型冠状病毒疫情召开了紧急委员会会议，宣布将此疫情列为“国际关注的突发公共卫生事件”（Public Health Emergency of International Concern，PHEIC）。一时间各种反应甚至是负面情绪迭起，国人纷纷关心甚至担心，这给我国的国家利益以及我国的对外开放，具体到投资、贸易、旅游、就学等，产生何种不利影响、带来什么法律问题，并怎样解读、如何应对？

再如钻石公主号邮轮事件。这艘位列全球十五大最豪华邮轮之一的邮轮，搭载2666名来自世界各地的乘客（其中近一半为日本公民，美国公民数量排名第二，达到428人）及1045名船员，总人数达到3711，涉及56个国家和地区（其中，船上共有312名中国人，其中261人来自我国香港特别行政区、25人来自我国台湾地区、21人来自中国大陆）。错综复杂的是，邮轮母港是在横滨，船籍是百慕大（英国海外领地），船长是英国人，隶属于美国嘉年华集团。

从《联合国海洋法公约》角度，哪个国家拥有对邮轮的管辖权？在疫情之下，针对船上乘客健康权与生命权，到底谁有义务，是什么性质的义务？除了考虑海洋法，是不是还涉及国际卫生法、国际人道法、国际海运法、世界贸易组织（WTO）及其相关国际海运服务贸易规则等法律适用问题？日本内阁于

1 月 28 日通过政令，根据日本《检疫法》《传染病法》，将新型冠状病毒肺炎列为“检疫传染病”和“指定传染病”，政令从 2 月 7 日起施行，于是日本作出“海上隔离”的决定。对此，法律上怎么看，对地区乃至全球疫情防控走向影响如何，等等，都值得我们研判、解读、建议。

如今，人类命运共同体的概念越来越为人们接受，越来越深入人心。从这一角度而言，战胜疫情关乎世界人民安危。也正因为如此，在疫情防控中的国际公法思维更加重要、越发紧迫。

疫情发生后，习近平总书记多次就加强全球合作作出重要讲话。1 月 28 日在会见世界卫生组织总干事谭德塞时，总书记强调：“中方愿同世界卫生组织和国际社会一道，共同维护好地区和全球的公共卫生安全。”[1]

2 月 20 日在给美国盖茨基金会联席主席比尔·盖茨的回信中，总书记呼吁“国际社会加强协调、共同抗击疫情”。[2]

在 2 月 23 日“统筹推进新冠肺炎疫情防控和经济社会发展工作部署会议”上，总书记讲话要求“扩大国际和地区合作”，指出：“公共卫生安全是人类面临的共同挑战，需要各国携手应对。要继续同世卫组织保持良好沟通，同有关国家分享防疫经验，加强抗病毒药物及疫苗研发国际合作，向其他出现疫情扩散的国

1　《习近平会见世界卫生组织总干事谭德塞》，载新华社，2020 年 1 月 28 日。

2　《习近平给比尔·盖茨回信　感谢盖茨基金会支持中国抗击新冠肺炎疫情》，载新华社，2020 年 2 月 22 日。

家和地区提供力所能及的援助，体现负责任大国担当。”[1]

中共中央政治局常务委员会2月26日再次召开会议，听取中央应对新型冠状病毒感染肺炎疫情工作领导小组汇报。会议指出：“加强疫情防控国际合作是发挥我国负责任大国作用、推动构建人类命运共同体的重要体现。要继续同世界卫生组织紧密合作，同相关国家密切沟通，分享防疫经验，协调防控措施，加强对外宣介和公共外交，共同维护地区和世界公共卫生安全。”

在另外一个场合，习近平总书记特别强调要加强国际法治领域合作。2月5日总书记主持召开中央全面依法治国委员会第三次会议并发表重要讲话，他提出：“要加强国际法治领域合作，加快我国法域外适用的法律体系建设，加强国际法研究和运用，提高涉外工作法治化水平。”[2]

其实，早在去年2月25日中央全面依法治国委员会第二次会议上，总书记即提出“要加快推进我国法域外适用的法律体系建设”。而11月5日中共十九届四中全会通过的《中共中央关于坚持和完善中国特色社会主义制度 推进国家治理体系和治理能力现代化若干重大问题的决定》中亦有“加快推进我国

1 《习近平：在统筹推进新冠肺炎疫情防控和经济社会发展工作部署会议上的讲话》，载新华社，2020年2月23日。

2 《习近平主持召开中央全面依法治国委员会第三次会议强调 全面提高依法防控依法治理能力 为疫情防控提供有力法治保障 李克强栗战书王沪宁出席》，载新华社，2020年2月5日。

法域外适用的法律体系建设”[1]的表述。

这一次，总书记特别强调了“要加强国际法治领域合作”“加强国际法研究和运用”。[2]这里的“国际法治”“国际法”应该就是指国际公法，或者说包含国际公法。可见，要求非常明确，意味格外深长，意义不同寻常。

“一波未平，一波又起。”3月4日，国际体育仲裁院发布了篇幅长达78页的孙杨案仲裁裁决全文。不少法律界人士都在从法律的角度来推演、复盘、总结这一惨痛个案的经验教训。《中国新闻周刊》有篇文章这样分析：“本案的法律争议，并不是孙杨本人行为是否违反了反兴奋剂规则，也不是孙杨辩护团队在反复纠缠、力图质疑的检查员资格问题，而是《国际反兴奋剂规则》第10.1条定义的抽检‘样本’的法律定义究竟是什么。”“从本案可以看出，中国体育界面临的问题就在于，是否理解国际仲裁的这些规则？”[3]

其实，这个问题不仅是提给中国体育界的，也是提给中国律师界的。

---

1 《习近平主持召开中央全面依法治国委员会第二次会议强调　完善法治建设规划提高立法工作质量效率　为推进改革发展稳定工作营造良好法治环境　李克强栗战书王沪宁出席》，载新华社，2019年2月25日。

2 《习近平主持召开中央全面依法治国委员会第三次会议强调　全面提高依法防控依法治理能力　为疫情防控提供有力法治保障　李克强栗战书王沪宁出席》，载新华社，2020年2月5日。

3 孙晋：《复盘孙杨案，熟悉国际法比喊冤有意义》，载《中国新闻周刊》2020年3月6日。

五

顺便再说说另外两个专业领域，劳动法律服务与税务法律服务。

说到劳动法律服务，律师要么代表资方，要么代表劳方，彼此为对立面，处理相互之间发生的劳动纠纷、合同争议。这次的情况完全不同，因为不管疫情属不可抗力也好、情势变更也罢，是其引起的不是劳方或资产引发的劳动合同履行不能或履行不全；而且，双方拟继续履行劳动合同甚至要附加上政府审批或备案的程序。于是这里，在双方的关系基础上加上了政府这个第三方，并相为交织、互为作用。

在这种情况下，律师提供更好的有关劳动法律方面的服务便与往不同，要有效平衡劳动者、企业、公共利益三方面的关系，在遵守现行法律法规的同时，注重遵循风险共担准则。

同时，为了解决复工复产问题以及扶持企业，特别是中小企业的生存和发展，政府给予企业和员工诸多优惠性政策，如税收优惠，财政补贴，社保阶段性减免，住房公积金延期缴纳。

从法律关系角度而言，有的是及至企业，有的是给予员工，有的则是透过企业惠及员工。因此，在这种情况下，就需要律师去粗存精，删繁就简，切实维护与保障当事人的合法权益。所以更需要懂税收、懂社保、懂财政、懂住房的劳动法律师。

税务律师人才奇缺，这在法律服务界已经是一个不争的事实。从这次疫情来看，捐赠行为首先就和税收联系在一起，担任企业、社会组织及个人常年法律顾问的律师，首先要回答的就是这个问题。而且不光是捐赠人，也包括作为受赠方的医院，如何处理税收问题，也需要律师提供专业服务。

同时政府采取了一系列的税收优惠措施，支持疫情防控与企业生存发展。对这些政策如何理解与把握，如何真正落实到企业尤其是中小企业，这些政策如何细化使之更具有针对性，除了这些举措还应该有哪些更进一步的政策可以制定并出台等，都需要我们律师来提供服务与建议。

律师的执业特点决定了我们始终战斗在企业法律服务的第一线，知企业之苦，悉企业之情，于是诉企业之求，为企业代言，其精准性自不必说，有助于政府出台政策的可操作性，避免大水漫灌、华而不实，而企业却没有获得感。

所以，律师们一方面要为企事业单位提供专业性、精准化的税务法律服务，另一方面也要向政府提出推出税收政策、完善税务制度的意见和建议。两手都要抓，两手都要硬。这正是税务律师大显身手的时候。事实上税务领域的弄潮儿是会计师，特别是四大会计师事务所，其最盈利的部门之一便是税务部门，尤其是税务部门的税收筹划团队。我们律师行业要有紧迫感，知行合一，重在行动。

六

综上分析，由此看来，我们律师们都应该增强杀敌本领，提高作战能力。就像军事上，传统意义上的陆海空的界线趋于模糊，海军陆战队、空降兵、混成旅大行其道。同样，律师事务所在专业化分工的基础上，也要提高集成作战能力。

当然对上面提到的医药卫生、知识产权、劳动人事、税收税务、国际公法等专业，于我个人而言，对其也是一知半解，但总的感觉，对我们整个行业来说似应属于短项。当然，任何事物的危机时态都是危中见机，目前此种状态对青年律师或许正是独辟蹊径、异军突起的切入点。接下来律师行业的业务领域、专业板块、领军人物，虽不能说有特别大的重塑，但至少会诞生新领域、新板块、新领军。

《智合》日前的一个调研问卷中，预测“疫情过后，您觉得什么业务领域将迎来新机遇？”其中医疗大健康、劳动就业等排名靠前：“有 53% 左右的律师认为医疗大健康领域将在疫情过后迎来新的机遇。此外，也有 25% 以上的律师认为劳动就业、房地产以及资本市场领域将迎来新的风口。”

应当说，本文所说这些业务领域，从国家经济社会发展大局而言，的确不可或缺。但问题在于，从纯市场化或者业务收入角度分析，其大部分并不见得是足以盈利从而被看好的“香饽饽”，很可能“叫好不叫座”。

虽然这些业务不必然会很“火”，会很“爆”，但从行业发展角度来讲，却应该去“点”、去“引”；从律师事务所角度而言，要留有此“奇兵”，关键时刻与其他团队并肩作战、协同出击；从国家层面，则应该立足“养兵千日、用兵一时”，培养一支关键时刻能拉得出、打得胜的专业队伍。

从队伍建设角度，我们应该鼓励并推进非法律专业，尤其是医学、工科、财会、管理背景的专业人士学习法律、参加法考、成为律师；从律师资质管理的角度，将紧缺法律专业的非律师人才依规直接授予律师资格；而从长计议，大学的法学院特别是律师学院，应该开设复合型、综合性的学科，按照法律服务市场的需求培养紧缺型人才，有针对性地增加后备人才供给。

以上说的是“打仗”的本领，或者说是从内容角度的理解，其实还有一个值得我们提升的短处，就是在“打仗”的手段或者说载体上。在这场疫情面前，如果说医务人员是战斗在火线，是“肉搏战”“阵地战”，那么法律工作者可以被理解为是这场整体战的远程、战略、协同部队，在一定程度上打的是“电子战”“网络战”。

事实上，这次疫情如一面镜子照出了律师行业的信息网络工程的大大不足。相对于法院、检察院、公安系统、司法行政系统，律师行业固然有工作方式上相对的团队作战、单兵作战的特点，但总体上，对信息化的重视程度不够、集成能力不强、财务投入力度不大。为此司法行政机关应该大力统筹支持，行业协会应该全力牵头组织，律师事务所应该极力建设落地，大力推进律师行业与律师事务所的信息工程建设，优化律师网络服务系统，提升律师远程办公能力。正可谓："工欲善其事，必先利其器。"

七

早在延安时期，毛主席就高瞻远瞩地指出："我们队伍里边有一种恐慌，不是经济恐慌，也不是政治恐慌，而是本领恐慌。"2013 年 3 月 1 日，习近平总书记在中央党校建校 80 周年庆祝大会上，再次提出了"本领恐慌"的问题。

习近平总书记进一步指出："学习本领是领导干部必须具备的第一位本领，同时要善于把学到的本领运用到实际工作中去，努力做到知行合一、以知促行、以行求知。"[1]

对干部的要求如此，对律师的要求亦应如此。白居易有言：

1 《中共中央举行纪念刘少奇同志诞辰 120 周年座谈会 习近平发表重要讲话》，载新华社，2018 年 11 月 23 日。

“试玉要烧三日满，辨材须待七年期。”这是“人才观”，也可以理解为“成才观”。我们应该多多修炼、打磨，依靠成年累月的积蓄，提高我们的见识，增强我们的本领。当我们自身“能力账户”余额不足时，就需要及时与精准地“充值”。

“好学近乎知，力行近乎仁，知耻近乎勇。”时代是大考场，社会是出题人，作为赶考者，我们力争好成绩。让我们努力学习、努力进步、努力工作、努力奉献吧！

（这是作者 2020 年 3 月 8 日为《智合》新媒体撰写的专栏文章）

㈢

迎送间，

总有

一些语

要寄

…

13
“假如给我三年光阴……”

最近几年，几乎每到这个时候，我都会来到这里，与新入学的研究生们谈谈心，院长、书记给我的题目也很大，叫作“职业人生规划”。

不过今天站在这里，顿感有些恍惚，觉得犹如几周前刚刚来过一样。不禁感叹，光阴飞逝，白驹过隙，“时间都去哪儿了”。

今天在座的研究生中，就有我大学同学的儿子、研究生同学的女儿。一晃，91 届研究生的我们，已成父辈，华发早生，衣带渐宽。

今天，作为你们的学长，抑或老师，既已经有“大叔般”的沧桑，也希望怀“大哥般”的情怀，不论“人生”，不言“规划”，谈一谈所思所想，说一说心路历程。

“醉里挑灯看剑，梦回吹角连营。”毕业季我们常说“为什么我的眼中常含泪水，因为我对这片‘校园’爱得深沉”。此时开学季，我想起小学课本里海伦·凯勒的那篇《假如给我三天光明》。于是我想，假如给我三年光阴，让我从头学起！

我的理解，大学 4 年，学到的是学问、积累的是知识；研究生 3 年，塑造的是能力、培养的是气质。在 4 年大学基础上，3 年的研究生生涯，要实现提升、达到升华，塑造“升级版自我”，“3.0”甚至“4.0”。

我想送给大家两句话，第一句是，两耳“尽闻”窗外事，一心“要读”圣贤书。第二句是，除了“读万卷书”，更要“行万里路”，还要“遇万般人”。

最近时值抗战胜利 70 周年，《毕业歌》常常在耳边回响：“我们今天是桃李芬芳，明天是社会的栋梁；我们今天弦歌在一堂，明天要掀起民族自救的巨浪。”对我们在座各位，同样也是如此。今天我们是法学院的研究生，3 年后我们是法律职业共同体的重要一员，奔赴在全面推进依法治国的道路上。

党的十八届四中全会将法官、检察官、律师，以及立法队伍、行政执法队伍、法学家和专家团队，都界定为“社会主义法治工作队伍”。特别是律师，不仅包括我们社会律师，还包括公职律师、公司律师，都是“法律服务队伍”的重要组成部分。我们将来从事的是法律职业，要有法律职业人的眼界与高度。

眼界决定境界，高度关乎视野。“知屋漏者在宇下，知政失者在草野”“风声雨声读书声，声声入耳；家事国事天下事，事事关心”，我们要有“修身、齐家、治国、平天下”的情怀，我们肩负着建设法治中国的使命，于是我们不能足不出户、闭门造车，而要知天下情，悉世间态，闻“窗外事”。

每个时代都有这个时代的特征，每座城市都有这座城市的特点，每所大学都有这所大学的特色。

这是一个最好的时代，没有一个时代，如今日之中国，在建设“四个全面”中如此需要法治；同时，这是一座最好的城市，没有一座城市，如今日之上海，在建设“四个中心”中如此呼唤法治；当然，这是一所最好的大学，没有一所大学，如今日之华政，将“四个全面”与“四个中心”如此完美地结合。因此，我们要立足我们所学的大学，关心我们所在的城市，关注我们所处的时代。

“窗外事”，是中央给中国定性的“经济新常态”；“窗外事”，是中央给法治定义的“全面推进”；“窗外事”，是中央给上海定位的“科创中心”。在未来，在3年之后，当我们走向工作岗位时，如何适应新常态、引领新常态；怎样共建法治、共享法治；怎么服务科创中心、推进科创中心。而今天，我们就该做好充分的准备！

虽不能“只读”圣贤书，但必须“要读”圣贤书。这里的“圣贤书”，我说的是有关法律、有关文化的“经典书”。如果你觉得，4年的大学，我们的法律功底尚未根深蒂固，那么我们要继续“夯实基础”，正可谓“基础不牢，地动山摇”。如果你认为，4年的大学，我们虽博览群书仍百密一疏，那么我们要努力“拾遗补缺”，正可谓“博古通今，学贯中西”。

要知道，当你踏入工作状态，问题之高难会让你无从下手，事务之复杂常令你难以应对，竞争之激烈定使你压力山大，“找点空闲、找点时间”，我想静静，读本经典，那是多么奢侈之事。而从另外一个角度，当我们面对一个个法律问题之疑难杂症，出口成章，侃侃而谈，应对自如，来之能战，战之能胜，你的成功秘籍是什么？正是你曾经挑灯夜读的那些圣贤之书，培养了你的法律思维、缜密逻辑、文字功底、文笔天赋。“问渠那得清如许，为有源头活水来。”所以我说，研究生3年，我们就是要塑造这样的能力！

有谚语说：“我们行走在路上，可是忘了为什么出发。”还有古训讲：“我们走得太快，要停下来等一等自己的灵魂。”这里我想告诉大家，不论读书，还是行路，我们要思考一个又一个“是什么”与“为什么”，更要明白一个又一个“做什么”

与“怎么做”。思考形成思路，思路成就思想。我们要在读万卷书的字里行间、行万里路的每步脚印之中，形成我们的思想，培养我们的世界观，养成我们的理想与信仰。

有句话说的好，会思考是一种能力，能思考是一种素质，敢思考是一种勇气。

带着思考读万卷书，带着思考行万里路，带着思考我们还要遇万般人。“三人行，必有我师焉，择其善者而从之，其不善者而改之”，遇人、阅人、识人、鉴人、师人。

《论语》中有句话“近者悦，远者来”。今天我想重点说说“近者”，咱们华政校园的“四个人物”。

一是“高大上”，戈峻，苹果全球副总裁、大中华区总裁，华政人“国际化”的标杆。二是“高富帅”，周传友，中金集团董事长，华政校友财富排行榜第一名，为富且仁，华政人“创业人”的榜样。三是“接地气”，周惠珍，南京西路街道党工委书记，战斗在为老百姓服务的最基层，华政人“实干家”的典范。四是“尽使命”，邹碧华，虽是北京大学校友，更为华政研究生导师，生前系上海市高级人民法院副院长，因公殉职后，习近平总书记为他题词：“新时期公正为民的好法官，敢于担当的好干部”，[1] 理应成为华政人“理想者”的楷模。

理想与信念当然不是天生的，而是养成的！华政的厚重与

1 《习近平对邹碧华同志先进事迹作出重要批示》，载新华社，2015 年 3 月 2 日。

时尚、笃志与立行、睿智与谦和、大气与进取，足以构建赖以滋养与培育我们人生观与价值观的丰润基础。关键是，我们要有自己的修行。

孔子说：“譬如为山，未成一篑，止，吾止也。譬如平地，虽覆一篑，进，吾往也。”

当然，人生路上，我们有幸遇到了自己的同窗。有一位创业家在一所大学新生开学典礼上，对他的学弟学妹们大声疾呼：“大学所学专业 90% 是没有用的，大学所谈的恋爱 90% 是不能成的，大学所交的朋友 90% 是靠得住的。”其中不乏调侃之意，我们并不以为然。但“睡在我上铺的兄弟”，的确靠谱、确实可靠。“感谢同学不杀之恩”，这只是上海某高校发生宿舍谋杀案后的黑色幽默。而我们更多所见的是，“上阵父子兵，创业亲同学”。

微软的创始人比尔·盖茨、保罗·艾伦以及后来的 CEO 鲍尔默都是同学；腾讯的开创者马化腾与张志东也是同学；而俞敏洪与同学们的同舟共济，竟谱写了一首“中国合伙人”的励志之歌。

同样，在未来，同学们可能就是律师事务所的合伙人，齐心协力、相濡以沫；同学们更必然同是法律职业人的你我他，相互支持、良性互动。同学，同仁，同事，同道，一起且始终在路上。

于是，在此读万卷书、行万里路、遇万般人的过程中，我们要养成华政研究生独特的气质、气度，以及气节、气宇，还有气势、气场。首先，这是法科生的气质与气度，书卷般儒雅，“腹有诗书气自华”。其次，这是法律人的气节与气宇，凛然般正义，“富贵不淫”“威武不屈”。最后，这是华政人的气势与气场，敏感、敏锐、敏捷，“纵横四海”“游刃有余”。

财经界有句话：站在风口上，猪也会飞起来。管理学上又说：并不是所有的猪都能飞。今天，风口已形成，关键看我们每个人，能不能插上飞翔的翅膀。机遇，总是垂青于那些时刻准备着的人！

我们可以充满信心地预见：当3年后你们走向工作岗位之时，全面推进依法治国的进程正在如火如荼，全面深化改革的大戏更加渐入佳境。

如果你想做一名律师，那时候的律师，在以审判为中心的诉讼制度下，在法庭上有席位、有地位、有作为，气宇轩昂、唇枪舌剑，在维护当事人合法权益的同时，维护着法律的正确实施，维护着社会的公平正义；如果你想做一名法官，那时候的法官，在审判席上“你的地盘你作主”，由审理者裁判、让裁判者负责，与律师、检察官共同构成的法律职业共同体，正让人民群众在每一个司法案件中感受到公平正义；如果你想做一名创业者，那时候的创业者，公司在新三板频频挂牌，股票在交易所闪亮登场，并沿着“一带一路”“走出去”大展宏图。

英国作家狄更斯在《双城记》中开篇即说“这是一个最好的时代，这是一个最坏的时代”。我说，毋庸置疑，这是一个最好的“黄金时代”！在座的各位同学，正属于赶上了这个“黄金时代”的“黄金一代”。

这两天，为欢迎新同学，华政官方微信公众号推送了宫崎骏的作品《天空之城》中的这句话：“没人能让时光倒流，然后重新再出发，但所有人都可以在今天启程，去创造一个全新的结局。”

好吧，让我们走起！祝你们好运！

（这是作者2015年9月15日在华东政法大学研究生开学典礼上的发言）

14 祝你“长大成人”

一转眼又是毕业季。去年这个时候，我站在这里以《归来》电影中的主题歌《跟着你到天边》为题，给同学们作了演讲。如果说去年主要表达的是“情”，那么今天我们不再抒“情”，而且在法学院的讲台上也姑且不讲“法”，只来说说“理”吧。那就是，对我们如何成长、如何长大谈谈个人的感悟。

在这里，我想说五句话。

一、万物生长

《万物生长》是冯唐的一部青春爱情小说，后由导演李玉改编成电影。

我这里用这一词汇，想表达的是，我们正处在一个万物生长、充满生机的季节，一切都有可能，一切都会发生，尤其对我们法学院的毕业生来说，正处在一个全面推进依法治国的最好时代，可谓生逢其时，机会多多，于是定能收获满满，大功告成。

如果我们做律师，《人民日报》对大家说，“让律师说话，给法律尊严”。全国律师工作会议强调，“律师较真，挑毛病，发现漏洞，有助司法精准与司法公正”。我们的大师兄曹建明检察长更指出，“推进形成彼此尊重，平等相待，相互促进，良性互动的新型诉辩关系”。

如果我们做法官，如各位所见，司法体制改革方兴未艾、如火如荼、有序推进。党的十八届三中全会决定说“让审判者裁判、由裁判者负责”；四中全会决定继续说“推进以审判为中心的诉讼制度改革”。正可谓“你的地盘，你来作主”，甚至有律师说，“让法官成为最大的官”。

如果我们做公司法务，党的十八届四中全会报告说，“企业可设公司律师，参与决策论证，提供法律意见，促进依法办事，防范法律风险”。可以这么说，你完全可以对老板拍案而起：“不！”

当然，我们也可以“弃法”下海，参加“大众创业”大军，融入“万众创新”洪流，而此时，李克强总理也为你站台支招，还提醒你注意法律风险，并特别建议找律师帮你上市融资快速发展。

伟大的作家狄更斯在《双城记》中说：

这是一个最好的时代，这是一个最坏的时代；
这是明智的年代，这是愚昧的年代；
这是信任的纪元，这是怀疑的纪元；
这是光明的季节，这是黑暗的季节；
这是希望的春日，这是失望的冬日；
我们面前应有尽有，我们面前一无所有；
我们或将直上天堂，或者我们直下地狱……

很显然，我们均列于前者。

投资家说：只要在风口上，猪也能飞起来。我们说：风口始终在，看你是不是会飞的猪。切记，并不是所有猪都能飞起来！

二、野蛮生长

《野蛮生长》是企业家冯仑的一本书。有人评论道：“一个变革的时代，一群过河的人，一种野蛮生长的力量！一部民营企业和创业人生的心灵史、生死书！”

我这里借用“野蛮生长”的含义在于：我们要抓住万物生长的春天，不失时机地播种、施肥、疯长，从而开鲜花、结硕果！

陆游诗曰：“时雨及芒种，四野皆插秧。家家麦饭美，处处菱歌长。”白居易云：“田家少闲月，五月人倍忙。夜来南风起，小麦覆陇黄。”我们要有“皆插秧”与“人倍忙”的劳作与激情，才会收获“麦饭美”与“覆陇黄”的丰收与喜悦。因此，我们要芒种，我们要疯长！

有作家这样描写青春：无论热烈或冷漠，敏感或麻木，轻盈或钝重，青春的故事从来不可能水银泻地。尤其年少时的爱情，难免折腾、拧巴，充斥着挥之不去的荷尔蒙，迷惘里还透出些“混蛋”的气息。自以为是和不可理喻，是青春的另一个名字。

也正是在这样的青春中，年轻人们野蛮地成长着。青春是用来挥洒的，青春甚至是用来挥霍的，当然只是稍纵即逝，万不可挥霍无度。这是人生成长的一个特殊阶段，随心所欲、随情所欲，随性所欲，其实，这并不可怕。

北大法学院学生会的小杂志名曰《待定》。因为“待定”，所以“美好”。在不确定的状态下，便会有意想不到的美妙。咱们华政律师学院学生会的小杂志叫作《绿芽》，绿色之芽，含苞待放，虽未露尖尖角，却已有蜻蜓扑面。今天之芽，明天之苞，后天之花，快速地成长，勇敢地成长，野蛮地成长!

因此，当我们刚跨出校门时，可以无序，但勿停歇，奔波、折腾、反覆、碰壁，这都没有关系，你会校正方位，你会确定方向，你会找到平衡，你会寻到支点。起点固然重要，转折点更是关键。人生的转折，不是靠仙人指路，高手指点，而是靠自己的血泪与教训，靠自己的实践与感悟。

突然想起作家王蒙《青春万岁》中的这首诗："所有的日子，所有的日子都来吧，让我们编织你们，用青春的金线，和幸福的璎珞，编织你们……我们有时间，有力量，有燃烧的信念，我们渴望生活，渴望在天上飞。是单纯的日子，也是多变的日子，浩大的世界，样样叫我们好奇，从来都兴高采烈，从来不淡漠……多沉重的担子，我不会发软，多严峻的战斗，我不会丢脸……"

孔子说：后生可畏，焉知来者之不如今也？孔子又说：智者不惑，仁者不忧，勇者不惧!

后生之所以可畏，是因为后生无畏，让我们做无畏的勇者。

三、茁壮成长

"茁壮成长"这个词，其实也就是对我们这样的年长者才更有意味。我们从小就是作为无产阶级革命事业接班人，在党的雨露滋润下“茁壮成长”起来的。毛主席说“好好学习，天天向上”。毛主席还说：“世界是你们的，也是我们的，但是归根结底是你们的，你们青年人朝气蓬勃，正在兴旺时期，好像早晨八九点钟的太阳。希望寄托在你们身上。”

应当说，在经历上述短暂的野蛮成长的阶段后，我们一定要进入良性的、可持续的茁壮成长之康庄大道。

作为法律人，我们务必牢记自己的职责与使命，无论在任何环境中，于任何条件下，法治的理想与信念不可丢弃，在心中，于脑海，甚至沦肌浃髓，直至相濡以沫，生死与共。正如孔子所言：“三军可夺帅也，匹夫不可夺志也。”

丧失了或者放弃了法治理想与信念，我辈法律工作者将迷失方向，不再茁壮成长，只会萎靡不振，一事无成。

在这里非常有必要提及我们的一位法律同仁、华政同事，邹碧华法官、邹碧华教授。习近平总书记为他题词“新时期公正为民的好法官，敢于担当的好干部”。[1]由中组部、中宣部、中政委、最高人民法院、上海市委联合组织的邹碧华先进事迹报告团，已穿越大半个中国，作了 20 多场报告会，所到之处，交口赞誉。我有幸作为报告团成员参与了全过程，印象深刻的是在山西，省委书记王儒林说：“山西之所以发生系统性、塌方式的腐败，就是因为许多领导干部理想信念缺失，丧了根、

1 《习近平对邹碧华同志先进事迹作出重要批示》，载新华社，2015 年 3 月 2 日。

断了魂、忘了本。”

法律人的根、魂、本，就在于我们的法治理想与信仰。理想不是用来谈论的，而是用来实践的，必须将其置于我们工作的时时与处处。

同学们在法学院4年，坐言，坐思；如今走向社会，立志，立行。前一个周日，我的一位好朋友、“一财”创始人秦朔离职的消息，一时间可谓被“刷屏”，他的一位好同学、著名财经人吴晓波说，“最后一个‘看门狗’也走了”。在这篇文章中，他写道：“中国今天的青年知识良心，一半存在于律师界，一半存在于传媒界。”此话或许不尽全面，但却也相当准确。法律人，尤其是青年法律人，要成为中国的社会良心。我们不能靠良心发现、良心闪现、良心冲动、良心震撼偶尔为之，我们要靠良知与信仰同在，去创业、去谋事、去为人。体内拥有良知的基因，怎么不会茁壮成长；心中充满信仰的脉动，怎能不会激情澎湃！

吴晓波此处有“狗论”，即律师应该是公平正义的“看门狗”。其实我这里还有“鸭论”，即律师战斗在社会、政治、经济生活的最前沿，如春江水暖“鸭”先知，社会百态问律师。同时，律师在错综复杂的情势中，最有能力去粗存精、去伪存真、一针见血、一语中的，其引领作用无可比拟，如诗中所言“好峰随处改，幽径独行迷”“人家在何许，云外一声鸡”，可谓“鸡论”也。

其实，真正走上社会，踏上工作岗位，你会碰到许多与众不同的人，遇见不少匪夷所思的事，你的工作之复杂艰辛让你倍感“压力山大”，你的同事或许聪明绝顶让你“羡慕嫉妒恨”，你家常便饭一般与旭日同起与夜星为伴，你的满腔冤屈无处倾诉只能面壁而立,如鲁迅先生所言“荷戟独彷徨”“弦断有谁听”。但是，这一切都会咬咬牙而过去，因为每一位长成者在成长过程中必然有如此烦恼，而这些成长中的烦恼正是你人生历练的财富,不可替代,不可或缺,不能没有。当某一天你回首往事时,这些烦恼只不过是过眼烟云，让你感慨，更催你奋进。于是，在这幽幽暗暗反反复复从从容容中，你一步一步茁壮成长起来。

四、拔苗助长

“拔苗助长”又称“揠苗助长”。这个故事出自《孟子·公孙丑上》，“宋人有闵其苗之不长而揠之者，……非徒无益，而又害之。”这里我是取其反义而用之。我说的“拔”，不是“拔出”，是“提拔”“提升”之意。我想说的是，我们年轻人赖以成长的平台。要通过大平台、高平台、好平台，提升我们的地位、分量、能力、能量，实现成长中的事半功倍！

企业发展为什么一定要上市？大家可以说有助股权融资、改善法人治理、利于股权激励，甚至广告效应，而我认为更重要的是，实现价格发现，就是市场给你定价、给你估值，这个价是公允的、这个值是恰当的。因此，在一个开放性的平台上，可以恰到好处、恰如其分地确定自己的位置、评估自己的价值。

在这种情况下，既不会自不量力，狂妄自大，也不会妄自菲薄，自我矮化，于是可以轻装上阵、量力而行、尽力而为，进入成长中的快车道。

6 月 4 日，中国领先的传媒集团——上海文广集团（SMG），和全球最大的电商平台——阿里巴巴集团，联合在沪宣布，双方将充分发挥各自在传媒与大数据领域的资源优势，共同将 SMG 旗下的第一财经传媒，打造成具有全球影响力的新型数字化财经媒体与信息服务集团。这是马云与黎叔（黎瑞刚）的携手！在当天的签字仪式上，我们事务所一位年轻律师难掩兴奋之情，与记者一起蜂拥而上给马、黎二位拍照，其实他更兴奋的是双方签订的合同字里行间都有他的贡献。这位律师说，如果不是在国浩的平台上，我可能只是一个遥望马云与黎叔却不能及的一个粉丝，或者第二天通过媒体读到马云与黎叔合作新闻的一个读者，而今天，我不仅在现场，而且始终在！我想，这就是平台的实力，这就是平台的魅力。

今如此，古亦然。孔子的学生子贡对孔子说：“有美玉于斯，韫椟而藏诸？求善贾而沽诸？”孔子曰：“沽之哉！沽之哉！我待贾者也。”正可谓待价而沽。孔子游历列国，报效无门，也是渴望明主，“估个好值、卖个好价”吧！

五、长大成人

《长大成人》也是一个电影名字，今天已少有人知，这是中国电影新生代代表人物之一路学长拍摄于 1995 年的其本人的处女作，讲述的是一个音乐青年从 20 世纪 70 年代末到 90 年代初的成长经历。

我借用这四个字，是希望同学们在万物生长的黄金时代里，借助于拔苗助长的平台，不怕野蛮成长，更加茁壮成长，最终长大成人。在这里，“万物生长”是成长的环境，“野蛮生长”是特殊的阶段，“茁壮成长”是良性的状态，“拔苗助长”是发展的平台，“长大成人”为必然的结果。

其实还有一个与《长大成人》这部电影相关的细节。该片女主角由一名叫朱洁的女演员出演，其与江珊、徐帆、陈小艺等当红影星皆为同班，在本片中扮演一名吸毒女，谁料朱洁假戏真做，染上毒瘾，电影尚未上映，其已命丧黄泉，一场让人欢喜的明星梦变成了一场令人心碎的噩梦，令人扼腕。

我们长大要成为一个什么样的人呢？《钢铁是怎样炼成的》一书中保尔·柯察金说的好：人最宝贵的是生命。生命属于人只有一次。人的一生应当这样度过：当他回首往事的时候，不会因为碌碌无为、虚度年华而悔恨，也不会因为为人卑劣、生活庸俗而愧疚。这样，在临终的时候，他就能够说："我已把自己整个的生命和全部的精力献给了世界上最壮丽的事业——为人类的解放而奋斗。"

"聚是一团火，散是满天星。"即刻，同学们就会走向祖国各地，奔赴全面推进依法治国的最前线。此时，我的耳边不禁响起这首歌："军号已吹响，钢枪已擦亮，行装已背好，部队要出发……"而我也喜欢这句号令："各就各位，预备，跑！"当然还有更简洁的两个字"走起！"

祝愿同学们，如大家刚刚奉献给刘晓红副校长的这本留念册上的那棵枝头挂满每一位同学手印的大树，鲜花盛开、根深叶茂、茁壮成长、成为栋梁！

（这是作者2015年6月16日在华东政法大学律师学院毕业典礼上的发言）

15

“跟着你，到天边……”

昨晚我从香港飞回上海，落地浦东机场已今天凌晨一点半。星夜兼程，只为把我的“第一次”献给咱们律师学院：今天第一次，穿上了律师学院的教授袍；今天第一次，作为律师学院首任轮值执行院长，参加“黄埔一期”的毕业典礼！

正可谓千言万语，如滔滔江水，一言难尽。今天只说四段话，24个字。

第一段话，6个字：尽力、尽心、尽情。

离校之时，工作之日，天高云淡，任你飞翔。突然一惊，如果我大学毕业即结婚生子，孩子已如你们一般年龄。不禁感慨，“时间都去哪儿了！”孩子们，积我23年工作经历，我想说，对待我们的工作，要尽力、尽心与尽情。

尽力，是义务，是合同义务，打好这份工；尽心，是责任，是道德责任，尽好这份心；尽情，是享受，是工作享受，分享这份情。

今天在座的同学们大多将踏上律师的工作岗位。我在给同学们讲课时一直说：律师，是一份职业，是谋生的手段；同时律师是一个专业，有专攻、方见长；更重要的是，律师是一项事业，维护当事人的合法权益、维护法律的正确实施、维护社会公平正义。

在未来我们的工作中，不管碰到多少困难，不论遭遇什么挫折，我们坚信：痛并快乐着，含泪微笑着，且行且珍惜。

第二段话，6个字：专业、敬业、乐业。

我们从事的是法律服务工作，这是最古老，也是最时尚的专业服务业。所以我们首先要专业，这是知识水平；其次要敬业，这是工作状态；最后要乐业，这是理想追求。

尽力一定会专业，尽心肯定会敬业，尽情必然会乐业。我们要享受工作、享受生活、享受人生。有作家说，“这是一个最好的时代，这是一个最坏的时代”。我想说，在这样一个最好的法治时代，我们要实现我们最美的梦想！

潘石屹是职场热门人士，他说的这句话可以给我们许多借鉴。

“当我骑自行车时，别人说路途太远，根本不可能达到目的地，我没理，半道上我换成小轿车；当我开小轿车时，别人说，小伙子，再往前就是悬崖峭壁，没路了，我没理，继续往前开，并到悬崖边上时换成了飞机。于是我去了任何我想去的地方……”

我们说，在前进的道路上，大家一定会有“停杯投箸不能食，拔剑四顾心茫然”的忐忑，还会有“欲渡黄河冰塞川，将登太行雪满山”的窘迫，或许我们不必然期待“闲来垂钓碧溪上，忽复乘舟梦日边”的惊喜，但一定要怀有“长风破浪会有时，直挂云帆济沧海”的理想。这便是李白的“行路难”给我们大家的启示。

刚才胡光律师代表学院教授们作了发言，他是上海优秀男律师的标志；还有在座的谭芳律师，她是上海优秀女律师的代表。我说，做律师，男要学胡光，女要学谭芳！如果男女都要学，那就学刘桂明师兄吧！“君住长江头，我住长江尾”，今天一大早，他从重庆飞来，而晚上又将飞回，为了同学们乐此不疲、不辞辛苦，正可谓“两岸猿声啼不住”“千里江陵一日还”。对教授们而言，这也正是一份专业、敬业与乐业！

第三段话，6 个字：高度、速度、精度。

去年毕业季，流行的是电影《致青春》，那是“小清新”；

今年的毕业季，充斥的是巴西的世界杯，这是“男子汉”。大家在上海 4 年，应该记住上海的 3 个男人：姚明、刘翔、常昊。

姚明，体现的是高度，高瞻远瞩；刘翔，表达的是速度，领先一步；常昊，传递的是精度，运筹帷幄。

正可谓，“欲穷千里目，更上一层楼”“不畏浮云遮望眼，只缘身在最高层”，高度决定我们的理想，理想决定我们的格局；同时，我们要时刻准备着，静如处子，动若脱兔，才能抓住机遇，领先超越；另外，我们要大胆假设，小心求证，瞻前顾后，深思熟虑，方能精准出击，实现目标。

塑造高度，培养速度，造就精度，我们要读书、行路、遇人。读万卷书，悦读；行万里路，孤旅；遇万般人，广交。我们要把思考融入生活与工作的全过程，没有思考的读万卷书是浮光掠影，没有思考的行万里路是走马观花，没有思考的遇万般人是过眼烟云。因此，我们要带着思考上路，开始自己新的征程。

第四段话，6 个字：回忆、回归、回家。

4 年的大学生活应该会且能够会成为我们人生中最美好的回忆，而且这种美好与时俱进、与日俱增，越老越刻骨，历久更弥新。“为什么我的眼中含着泪水，因为我对这片土地爱得深沉”，刚才同学们给学校送上了最珍贵的礼物，刘晓红副校长在接下这份礼物时，眼睛中也饱含热泪。其实，这正是一种不舍。

我刚才抄下了同学们献给学校礼物中的两首诗，郝玥同学写道："凝碧多含雨露深，依依惜别不舍爱，轻盈裳娜占春华，观风竞美新为政。"这是一个藏尾诗，连起来正是"深爱华政"。马艳宏同学写道："何年逢得聚华政，得聚华政待学成，待学成归去西东，归去西东何年逢。"写得多好！

一场夜宴，金碧辉煌，山珍海味，华盖云集。盛宴结束，客人们抹抹嘴拱手道别，留下来的才是家人。今天我想说，同学们不是客人，而是亲人，家人们等待着亲人们的回归。正可谓，"常回家看看"！

张艺谋改编自《陆犯焉识》的电影《归来》，其主题歌正写出了今日家人们的心声，"昨天的身影在眼前，昨天的欢笑响耳边，无声的岁月飘然去，心中的温情永不减。跟着你，直到天边……"这时我耳边不禁又响起另一首歌："送战友，踏征程，默默无语两眼泪，耳边响起驼铃声……"

有一个电视节目说"爸爸去哪儿"，今天正是"同学们去哪儿"。我们欣慰地看到，大家奔赴各地，各得其所，情有所属。其实，不管同学们去哪儿，学校与老师们会默默地关注，深深地祝福。因为，大学，是你、是我，是我们，共同的精神家园。

祝贺学成毕业！祝愿大展宏图！祝福一生平安！

（这是作者2014年6月20日在华东政法大学律师学院首届毕业典礼上的讲话）

16

送给同学们两个字：责任

一晃又到毕业季！

28 年前的这个时候，我是本科生，毕过一次业；25 年前的这个时候，我是研究生，又毕过一次业。

记得那个时候，同学们相拥道别，唱得最多的一句话是，“送战友，踏征程，默默无语两眼泪，耳边响起驼铃声……”离开校园那一刻，同学们握着老师们的手向母校告别：“再见了妈妈，再见了妈妈，军号已吹响，钢枪已擦亮，行装已背好，部队要出发……”

离别时，送行际，不记得同学们还说了什么；只记得归来日、回校时，同学们总是说，“我们一直在努力！我们没有忘记作为一名华政人的责任！”

责任！这正是一名华政老兵，想在这个特别时候，送给同学们的并不特别却也特别的两个字！

首先，对父母的责任。学业成就，长大成人，“谁言寸草心，报得三春晖”。我们何以为报？我们无以为报！虽不再“烽火连三月，家书抵万金”，可“两情一线牵”“电话诉衷肠”的那一头也不应只是恋人。在那一刻，我们应该更多的是分享成功的喜悦，而把挫折和失意，默默收藏，面对父母，我们选择坚强！孔子曰：“父母之年，不可不知也。一则以喜，一则以惧。”终有时日，同学们亦会为人妻为人夫，亦会为人母为人父，我们的作为正为后辈注入爱的基因。爱父母，爱小家，爱大家，爱国家。由是，对父母的责任，何尝不是一种传承！

其次，对母校的责任。“为什么我的眼里常含泪水，因为我对这片土地爱得深沉”，其实这句诗，更多的是出现在毕业10年、20年、30年的庆典上。离后，才知珍贵，别久，更觉珍重。不管身在何处，无论位居高低，不忘初心，铭刻校训，要记得我们是华政人！华政人具有法科生的气质与气度，书卷般儒雅，“腹有诗书气自华”；华政人具有法律人的气节与气宇，凛然般正义，“富贵不淫”“威武不屈”；华政人更具有自己特有的气势与气场，敏感、敏捷、敏锐，“纵横四海”“游刃有余”。所以，对母校的责任，是一种修行！

再次，对职业的责任。4年“磨剑”，厚积薄发。《红楼梦》中言：“玉在匮中求善价，钗于奁内待时飞。”此刻，同学们已有“善价”，时刻高飞。走向社会，我们获得的不仅是一种糊口养家的职业，也是一个实现自我的专业，更是一份追求公正的事业。职业讲道德，执业凭操守，我们对职业要有敬畏！因为敬畏，所以勤勉与诚信，所以热爱并执着。职业，永远给予敬畏者以最好的回报。同学们都读过路遥的书吧，路遥的职业是作家，他在茅盾文学奖颁奖仪式上说到：“生活的大树万古长青，我们栖息在它的枝头，就不由得为他歌唱。”他写出了《平凡的世界》，而他的世界却不平凡。故曰，对职业的责任，其实正是一种敬畏！

复次，对法治的责任。同学们，生逢其时，黄金一代！目前之中国，“全面推进依法治国”，为大家提供了施展才华、大展宏图的主战场。今天不少同学正成为一名律师，君不见，在这短短一年内，党和国家召开了规格最高的全国律师工作会议，“两高”“五部”罕见发布维护律师执业权利规定，中央深改小组密集出台深化律师改革、律师当法官、推进法律顾问制、建立法律职业考等一系列意见，“好风凭借力，送我上青云”“向来枉费推移力，此日中流自在行”。伟大的时代，诞生伟大的法律人；应运而生的法律人，唯有不辜负这一时代，方成其为伟大。我们是根深蒂固的法律人，坚守法治理想，执着法治信仰，实现法治梦想。当然，在这个过程中，你会对前几天微信朋友圈热传的“法学专业：连续6年被评为最没用的专业”的帖子，一笑置之，嗤之以鼻，我行我素。因此，对法治的责任，必须是一种担当！

最后，对自己的责任。漫步菁菁校园，聆听明珠楼顶的钟声，回首玉泊湖畔的花影，眺望图书馆上的旭日，静心、冥思、细想，是全心全意抑或尸位素餐，是全力以赴抑或碌碌无为，是深耕还是虚度，是真切还是虚无？人生途中，我们一定会有“彷徨”，如鲁迅先生而言：“路是远的，而前面又看不见路，依稀有路时，却看不见光；想挣扎着走出一条路来，却是遍体鳞伤，毫无结果。”我们要记住哲学家说的这句话：每个人都是最优秀的，差别就在于如何认识自己、如何发掘和重用自己。不要总指望别人“说你行”，要学会说“我能行”。苏东坡之人生，“潇洒走一回”，其“用舍由时，行藏在我”，可谓洞明、深刻。王安石之“凌霄不屈己，得地本虚心”“阳骄叶更阴”“愿斫五弦琴”，既是自信，更是忘我。古人将人的进阶分为三等，一是聪明，是父母所予；二是智慧，这是师传自学；三是天机，这是更高境界。唯“断其欲，穷其身，苦其志”，方可修炼而成。再过几天，就是党的95岁生日，不禁想起，开辟中国新天地的那13位仁人志士。其中，28岁的毛泽东，35岁的董必武，25岁的陈潭秋，30岁的李汉俊，19岁的刘仁静，23岁的王尽美，

20 岁的邓恩铭……今日，22 岁上下的同学们，正当年，正逢时，唯奋力，唯进取！于是，对自己的责任，应该是一种定力！

“责任”二字，不是口号，而是践行；是人生观，也是方法论。尽其责任，要的是“实”与“精”。实，要扎扎实实；精，即精益求精。实，是态度；精，是境界。周恩来总理有言：“与有肝胆人共事，从无字句处读书。”科学家袁隆平说：“离大地更近，看天空就会越远。”“无字句处”以及“大地”，就是实践。脚踏实地，深入实践，方会尽责。稻盛和夫在其《活法》一书中说，“工作现场有神灵”“用真诚的目光仔细观察现场，用眼睛去凝视，用耳朵去倾听，用心灵去贴近，这时我们就可能听到产品发出的声音，找到解决问题的办法”。兢兢业业，精益求精，方能尽责。这也正是李克强总理今年在政府工作报告中强调的“工匠精神”的集中体现。“实”与“精”，可谓为责任之体插上两个翅膀，如虎添翼，一飞升空。

最近堪称“网红”的哈佛大学生物系博士毕业生何江，在哈佛大学毕业典礼上的发言，也为“责任”二字作了解读：“哈佛鼓励我们去梦想，去渴望、去改变世界。改变世界并不代表每个人都要去发现什么伟大的东西，简单地成为一个传递者，把我们已有的知识带给这个地球村里无数像我母亲一样的人，就已经很好！”

“士不可以不弘毅，任重而道远。”让我们脚踏实地，倾尽所学，尽心尽责！

祝福各位同学！祝福母校华政！祝福法治中国！

（这是作者2016年6月22日在华东政法大学毕业典礼上的发言）

④

相遇后，

总有

一些言

要留

……

17

我们为什么要纪念张涌涛*

昨夜落地北京，雾霾扑面，黑夜更黑。突然想起一首诗："黑夜给了我黑色的眼睛，我却用它寻找光明。"于是我说："此刻暗无天日，心中却充满太阳。"这次来北京，是为了纪念涌涛，国浩人心中的"太阳"，正是我们的涌涛。

涌涛是国浩人，也是行业人；是律师一员，是行业代表。所以我们今天的座谈会，特邀与涌涛一起战斗的同人、特邀关怀涌涛战斗的领导，小范围地一起追忆、怀念、纪念。

---

* 张涌涛，国浩律师集团事务所创始人，曾担任北京市张涌涛律师事务所主任、北京市律师协会副会长，2005 年 11 月 16 日因病离世。

可谓“横看成岭侧成峰，远近高低各不同”，形形色色的点滴，不同视角的画面，使涌涛音容笑貌，跃然纸上，如大家而言“活生生一个人”，如放电影般，在身边，更在心里。

于是我首先在想，我们学习涌涛什么？

我们是不是要学习涌涛的那种精神、那份品质、那具人格。从做人的角度，那种坦白的风格，如大家而言，率性、率真、率直；从律师的角度，那种坦诚的品质，如各位所说，诚实、诚信、诚恳；从行业管理者的角度，那种坦荡的胸怀，公心、公正、公益。

大家或娓娓道来，或侃侃而谈，或含泪倾诉，自己眼中的涌涛，自己心里的涌涛。我提炼了一下，一是执着的涌涛。执着源于热爱，热爱发自信念。于是他总是那么进取，“较劲”不服输，“越挫却越勇”，虽“壮志未酬”。正因如此，我们更要继承其遗志，奋力且前行。

二是创新的涌涛。一个改革者，一个探索者，一个变革者，一个践行者，一个建设者。创办个人所、创造集团所、创建行业业务研究与培训机制、创新专业银行非诉讼法律服务模式，一直在路上，不停歇，不止步，直至轰然倒下、溘然离世，令人扼腕叹息、抱憾不已。

三是专业的涌涛。关注自己的专业，敬畏自己的专业，把追求专业当成自己的习惯，并使这种习惯成为自己的风格。而且，涌涛不仅法律服务上专业，才华横溢，而且“外在形象”上同样专业，时尚、潮流，被许多人称为“最像律师的律师”。

四是率真的涌涛。真实、真诚，讲真话、办实事。正因如此，当然容易“得罪人”，但大家公认其没有阴谋，只有阳谋，出于公心，大气仗义，爱憎分明，嫉恶如仇。而今回头想来，更觉其难能可贵、情谊无价。

五是奉献的涌涛。可以说，涌涛毕生奉献于国浩、奉献于律师行业、奉献于自己钟爱的法律事业，如大家所言，他是一个“律师社会活动家”“把行业的事当自己的事”，并尽力与倾心。段部长刚刚回忆，时任北京市委常委、政法委书记强卫同志参加了涌涛的告别仪式。今年 3 月我作为“邹碧华同志先进事迹报告团”成员，受到现任江西省委书记强卫的接见，我们聊起此事，他深情地说，邹碧华法官与张涌涛律师都是英年早逝，非常可惜。我想，一位政法委书记、一位省委书记，能参加一名律师的追悼会，能至今对此记忆犹新，概曰不是因为涌涛能赚多少钱、能有多大才，而应是因为他对律师事业的这份奉献！

这些优秀的品格，那么集中与完整地凝聚于涌涛一身。《论语》中有道是，学生们对于孔子“仰之弥高，钻之弥坚”“瞻之在前，忽焉在后”，正可谓博大精深。然而，涌涛离我们又不会那么遥远，可亲、可敬、可学，引我们思考、值我们学习、催我们奋进。

为什么我们要纪念涌涛？毕竟涌涛已经去世10周年了，而我们年年追思，时时纪念。

鲁迅先生有文章叫《为了忘却的纪念》，我说，我们是“为了传承的纪念”“为了发展的传承”，纪念是为了传承，传承是为了发展。

因此，我们学习的是精神，传承的是文化，传递的是人文，通过传递、传播、传扬，实现一种精神财富与价值理念的传承。如接力棒，有传者，有接者。吾辈与涌涛共同战斗的同人，义不容辞，当仁不让。

在国浩身上，充满了涌涛基因。涌涛与国浩，可谓水乳交融、相濡以沫、沦肌浃髓，须臾不可分离。让涌涛这种基因在国浩传递，在行业传播，从而播种、生根、发芽、成长，成为参天大树，绿树成荫。

10年来，我和李淳，现在还有于宁主席，每年的11月16日，都会来到天寿园的涌涛墓前，给涌涛说说话；每年春节前后，都会去看望涌涛年迈的父母，送上国浩人的祝福。我一直在想，情与义，或许正是国浩文化的内核之一，而我们这个律师行业，如果充满情与义，会产生多大的凝聚力和正能量！对于这个芸芸世界，涌涛只是一个普通人。但是，当每一位普通人的优点都能被点亮，这个世界会变得光明无比！

有作家说，每个人都有两个生命，一个是你自己的，直到你停止了呼吸；还有一个是记得你的人的，人们记得你，怀念你，于是你便在人们的心里永存，生生不息。

涌涛正是如此活在我们的心中！我们大家也要保重，让我们一起活得更久，不断地传承，涌涛于是也永远不死。

（这是作者 2015 年 11 月 13 日在“纪念张涌涛律师逝世十周年座谈会”上的总结讲话）

18

“天下归仁”

——怀念于宁会长*

7月1日，党的生日。

不觉间，于会长离开我们已经整整一个月了。于我，这是铭心刻骨的一个月，几乎每个夜里，在黑暗中，眼前总是浮现于会长慈祥的笑容，耳边一直响起于会长磁性的声音，辗转反侧，彻夜难眠。

这些天，只要我坐在办公室，眼睛便不由自主地去扫一眼办公桌上那部灰白色的电话，总希望铃声再

* 于宁，生前系国浩律师事务所主席，曾担任第六届、第七届中华全国律师协会会长，第十一届全国政协委员。

次响起，传来于会长亲切的话语。今日手机时代，很少人再打座机了，可于会长总是习惯打我办公室电话，他说：“红兵一直在外面跑，打你手机怕打扰你，我的事情不那么急，在办公室里可以多说说话……”于是每次我拎起话筒，不由分说地便道：“于会长您好！”而电话那一头的他，总是“嘿嘿，红兵你回来啦……”此刻，凝视这部电话机，我的泪水如断线之珠哗哗落下。我深知奇迹不会发生，铃声不再响起，可心中的思念却如滚滚浓烟瞬间升腾，挥之不去……

一

一辈子我也忘不了6月1日伊朗当地时间4时30分许（北京时间8时许），于宁会长夫人陆昀老师发来微信中的30秒钟的泣诉！当时我本能的反应是把电话打回去，而那头接电话的是陆昀老师的二姐，低沉声音，对此作了确认。同行的黄宁宁的第一感觉与我相同，在他追忆于会长的文章中写到：伊斯法罕本来晴朗阳光灿烂的天空顿时如黑暗一般……

没有一秒钟的迟疑，决定中止在伊公务，立刻改签回国。我意识到，于会长突然不幸离世，无疑对国浩律师事务所、对中国律师行业都属晴天霹雳，在黄宁宁与陪同的上海外经集团工作人员通过中伊两地同时安排机票的时候，我迅速地与我们国浩以及全国律协、司法部律师司相关负责同志通了电话，我深知，于宁主席是国浩集团的主席、于宁会长更是中国律师行业的会长！把于宁会长送好，是我们这个时候义不容辞的首要职责！

从伊斯法罕到德黑兰的高速公路上，一辆灰色轿车呼啸穿行，一骑绝尘。此刻已是傍晚，望着彤红如燃烧般的天际线，我再也不能自持，心如刀绞，如鲠在喉，热泪盈眶……

伊朗时间凌晨3点，在德黑兰机场候机，此时正是中国旭日东升之时。很少在微信上发信息的我，却忍不住在朋友圈倾吐自己的悲痛与思念：

“不敢相信，不能相信，不会相信……不知说什么，不想说什么，不愿说什么……泪流，手颤，心痛……我的会长，我的主席，我的兄长……黑色的夜晚，不眠的时刻，无尽的思念……律师事业未竟，您之叮嘱耳边，我等奋力依然……走好，珍重，平安……”

与于会长第一次见面的场景有点模糊了，只是印象当中坐在主席台上的一干部长、司长、会长中，大家公认他最像“大干部”。近距离的接触始于2001年，上海召开律师代表大会，他作为全国律协领导参加开幕式，我印象深刻的是，时任上海市司法局局长的缪晓宝与时任全国律协副会长的他，都是身材魁梧，气宇轩昂，一并走上主席台，一时引得台下律师们啧啧赞叹。我也不禁在想，有他们这样的引领者，中国律师事业真是大有前途啊！在那次代表大会上，朱洪超律师当选为会长，我也成为副会长，可以说从那个时候起，我真正踏入律师行业协会管理参与者的门槛，在为行业服务的同时，有更多的机会“与有肝胆者共事”，在更大的平台“从无字句处读书”。

2005 年 3 月，我成为上海律协会长，并在当年 6 月召开的第六次全国律师代表大会上当选为常务理事，而此时，于宁副会长已荣升会长，而且是一位不再执业的“专职会长”。我记得在全国律协驻地青蓝大厦召开换届后的第二次常务理事会会议时，我正好参加在京西宾馆举行的全国青联大会，等我赶到协会时，部领导已经与常务理事们合影完毕，可于宁会长看着汗流浃背冲到会场却又有点不舍的我，猜透我的心思，拉着部长以及时任副部长段正坤，还有时任律师司司长赵大程、时任秘书长邓甲明，给我开了一个大大的“小灶”，让我站在部领导身边，拍了一张合影。于会长总是那么细心，那么善心，设身处地，为人着想，平和、亲近，让人不尊重、不敬佩、不佩服都不行！

这张照片，被我从事法学教育工作的姐姐洗印放大挂在我父母家里。日前我趁赴济南参加山东航空公司董事会会议时去看父母，83 岁的父亲端详着照片中的于会长，回想起去年 5 月于会长与李淳在来济南参加国浩济南办公室成立庆典间隙，专程来家探望他时大家谈笑风生的情景，禁不住自言自语着，“于会长好人哪！这么年轻，真的太可惜啦……”我不想当着父亲的面流泪，可一转头，已是泪如泉涌……

二

从德黑兰飞莫斯科，北方偏西，4 个半小时到达。我与黄宁宁迅速找到从莫斯科飞北京的俄航登机口，却是空无一人，是呀，还有 6 个小时的时间呢！此刻已是北京时间中午时分，莫斯科却天正放亮。此刻大厅寂静，我心依然翻腾，虽彻夜未眠，却睡意全无，脑中尽是于会长的笑容……

于会长当选全国律协会长后，非常重视青年律师工作，将青年律师队伍建设作为推进律师事业可持续发展的重要工作来抓。2007 年 9 月，全国律协成立了“青年律师工作委员会”，他亲自建议当时常务理事会中年龄最小的我与时任江西律协会长方世扬担任首届青工委的主任与副主任。第二年，我们青工委在珠海举办“青年律师论坛”，于会长不仅亲自飞赴珠海参加开幕式并致辞，还邀请他的校友、时任北大法学院院长的朱苏力教授，给来自全国各地的青年律师作主题演讲，论坛大获成功！于是，青年律师工作委员会、“青年律师论坛”，成为凝聚青年律师队伍、培养行业后备人才、交流新人成长经验的机构与平台，为律师队伍建设与律师行业可持续发展创新机制、奠定基础。

2008 年换届，于会长连任全国律协会长，我也荣幸地成为副会长，在他领导下的“一个班子”里工作。他特别重视地方律协建设，充分发挥协会“地方律协建设指导委员会”的功能。此时我已卸任上海律协会长，他一直认为上海律协工作有特点、有成绩，应该在全国发挥引领作用，于是建议我担任了这个委员会的主任。于会长对地方律协建设可谓用心良苦，不遗余力。他几乎踏遍了每个省级律协，去沟通、作指示，而在与社会各界交流中，几乎少不了的就是中国最传统的“感情深、一口闷”，与其说于会长“爱”喝酒，不如说他“善”喝酒，他是把喝酒作为一种增加情感的交流方式，加强效果的工作方法！我一直在想，长期的超负荷工作加上饮酒，对他强壮的身体是多么大的潜移默化的伤害啊！

2010 年 4 月，在于会长、邓甲明秘书长直接关心下，全国律协“地方律协建设研讨会”在上海召开，于会长飞来上海参会，并把司法部律公司丘征副巡视员一起“拉来”站台。在开幕式上于会长率先讲话：“新修订的《律师法》赋予了律师协会许多新的管理职能，研究地方律师协会的建设，总结一些行业管理中的规律性经验和做法，推动下一步工作，非常有必要。新一轮司法体制改革、特别是律师制度改革即将启动，律师制度改革将对律师工作提出新的要求，尽快完善地方协会建设，完善地方律师协会各项工作制度，也是为迎接律师制度改革深入开展做好准备。”承接会长讲话要求，我们这个委员会开展了一次广泛性、专题性的调研，并制作了“中国地方律师协会建设白皮书”，从律师协会的组织建设、制度建设、规则建设和队伍建设四大板块，来构建适应中国律师事业发展的地方律师协会建设与管理体系。2011 年全国律协换届，充满于会长心血和智慧的“白皮书”如期发布！

三

莫斯科机场 SU200 航班登机口乘客渐渐多了起来。于我而言堪称史上最难熬的 6 个小时一秒一秒地爬过，终于登机了！难以对俄航漂亮乘务员的职业标准笑靥回以微笑，痛苦的心中如塞满一块块石头。邻座传来一位胖胖的俄罗斯贵妇人的鼾声，可我思绪仍沉浸在于会长率领下的“激情燃烧的岁月”……

于宁会长非常重视律师行业建章立制工作。在他的直接领导下，全国律协分别制定了全国律师行业的“立法法”，即制定规则规程，修订了全国律协的“基本法”，即《律师执业行为规范》，并编撰了《中华全国律师协会行业规则汇编》，由北京大学出版社出版。经过 3 年的努力，至 2008 年，全国律协自律规则体系基本形成，标志着我国律师行业规范化建设进入新的阶段。

这段话的主要精神，在全国律协制作《于宁同志生平》过程中，被我特地写了进去。我时任全国律协律师行业规则委员会主任，最了解于会长对行业协会规则工作的重视程度。在他为上述规则汇编作的序言中，说道："在党的十五大确立了依法治国基本方略后，中华全国律师协会更是加大了行规制定力度，在加强自身规范化建设的同时，积极带动和推进地方律师协会的规范运作和实施管理。经过多年的努力，中华全国律师协会的行业规范制定取得了一定成绩，自律规则体系已经形成，不仅在加强协会法人治理的组织规则建设方面，而且在加强对律师执业的行为规则建设方面，均基本做到有规可依，有章可循。"邓甲明秘书长在他追忆于宁会长的文章中也特别描述了一件事，就是《律师执业行为规范》的修订审议。这个过程虽说不上惊心动魄，也可谓一波三折。"五届全国律协 2004 年 3 月审议通过《律师执业行为规范》以后，司法实践中出现了很多新情况，各方面也都有一些反映和要求，常务理事会决定做一次修订，规则委对修订稿讨论了多次，提交 2009 年年底在合肥召开的七届二次理事会讨论，理事们就利益冲突审查、规范接触司法人员、禁止不正当竞争等内容提了不少意见，有些意见还很尖锐，有不少同志担心理事会表决通不过，于会长主持开了个会长碰头会，决定对理事们提出的意见做认真梳理、吸收，由负责规则委工作的红兵副会长向理事们作修改说明，红兵不负众望，连夜准备了一个详尽的、有说服力的修改情况报告，第二天作说明后，执业行为规范获得理事会授权常务理事会再做修改后发布。这之后的修改又费了很大的劲，但赶在换届前发布了，这是一个很重要的行业规范。”

在这篇文章中，邓秘书长还特别追忆到于会长的外事工作。他说：“于宁会长外事工作能力突出，应该是大家公认的。老于笑谈，如中央安排他做香港、台湾工作，也是很适合的，港、台两地都有很多朋友，他也很善于与持不同立场、观点的人交流、沟通、做朋友。该说的话说到，具体细节上也想得很周到。”在经司法部领导审定的《于宁同志生平》中就有这样的评价：他积极推进我国律师的国际合作交流，推动中国律师事务所走向国际，设立了“民间对日索赔法律援助专项基金”，积极宣传我国律师行业的发展与进步，在国际律师界享有很高的声誉，有力地提升了中国律师的国际地位和话语权。同时，他努力与港澳台法律界人士广交朋友，联络感情，为加强内地与港澳台律师界的交流合作作出了积极贡献。

对此，我是深有体会，也深为敬佩。2012 年 6 月，袁国强大律师被国务院任命为香港律政司司长，曾任香港大律师公会会长的他与于宁会长是非常要好的朋友。这时，于会长已不再担任全国律协会长，便以国浩律师事务所主席的身份，在我与李淳的陪同下飞赴香港，专程为袁国强司长祝贺，而见面畅谈的尽是内地律师与香港律师的合作与交流、中国律师业走向国际的战略与路径、香港的未来发展与美好前景。2013 年 12 月，于会长又率我与李淳飞至宝岛台湾，拜会时任台湾地区“立法会”负责人王金平。两人虽首次见面却相言甚欢，如同久别重逢的老朋友，从两岸律师业交流谈到两岸经贸发展与百姓福祉。特别有趣的花絮是，依依惜别之时，王金平突然对我和李淳说，“会长给你们当主席，你们给主席的收入可要高高的呀！”令我与李淳不禁赞赏王先生的好意，更加赞叹于会长的魅力！

四

经过 9 个小时的飞行，庞大的宽体客机呼啸着降落在北京首都机场。此刻已是北京时间 6 月 3 日 1 时。打开手机，对我在伊朗机场发送的微信朋友圈那条消息的回复已是铺天盖地，足足将近 500 条。朋友们的反应几乎如此一致：“真不敢相信这是真的！”“不相信啊！”“太突然，不相信，不愿信！”“不会吧？太突然了！”“于会长？不敢信！”有的朋友直接发来“？？？”，有的朋友急切询问“红兵，怎么回事？”大家无一不对于会长以高度评价，并表达深切的哀悼：“老于是个好人！”“于会长好人！一路走好！”“好难过……”“很悲痛……”“无言的痛……”“沉痛哀悼……”“愿我们的长者、智者、勇者——于会长，安息”。我的司机陆师傅经常在上海接送于会长，于会长待他特别客气，对他在西班牙留学的儿子也很关心，从不发微信的他伤心地回复：“早上醒来，不敢相信，好人一路走好……”还有对律师圈并不太熟悉的朋友，也发来信息：“看到你们如此悼念，相信会长是个好人……”

匆匆下机，忙忙上车，我们入住离于会长家最近的酒店，我想的是，靠于会长近些，更近些。躺在床上，无心睡眠，我只盼望着天快些亮，快些亮……

眼前又浮现出于会长微笑的面容，想起大家都说于会长温和可亲，平易近人。不过我倒也想起于会长的严厉，这是于会长在维护律师执业权利及维护律师行业尊严的时候！这时的他，是如此得爱憎分明，如此得嫉恶如仇。他不止一次地与我说起这样一则故事：在一次由时任中央政法委领导主持的会议上，有一位时任公安机关官员言及律师所谓“添乱”，列席会议的他再也坐不住了，抢着发言道，我不同意你的看法，律师制度的设计就是制约公权维护人权的，这是律师职业的属性所在，如果连律师的这些工作都不予认可，律师制度在中国便也没有存在的意义了！还有一次在全国政协社会与法制委员会的讨论会上，一位时任检察机关官员的政协委员在发言中，同样发表了“贬低”“矮化”律师的言论，作为委员的于会长同样也拍案而起。他事后对自己当时说的第一句话也颇感惊讶，竟是：“我鄙视你！”然后义正词严，一气呵成，论述律师在维护社会公平正义中的价值。在场的委员们对于会长的“冲冠一怒为律师”均表示赞赏，于会长回忆到，司法部原副部长段正坤、北京市人民检察院甄贞副检察长等委员专门走到他座位边对他说：“说得对！”

于会长就是这样，待人和善，笑容可掬，却在大是大非问题上正义凛然，眼睛里丝毫容不得沙子。维护律师执业权益、维护律师行业荣誉，就是他作为会长的大是大非！在重庆“打黑”时期，律师权益被肆意践踏，但更多的有识之士却是坚守法治、捍卫法治。在司法部老部长、时任全国政协社会和法制委员会主任张福森率领下，于会长以主要参与者角色，参加了社法委就“律师在刑事诉讼中的地位和作用”的专题调研，并在此后的政协大会上代表社法委作大会发言，建议多措并举提高我国刑事案件律师的辩护率，被媒体誉为“以律协会长身份在全国政协大会上发言为维护律师权益呼吁的第一人”。每说起这件往事，于会长便会忍不住露出他经典性的微笑，告诉我说：大会发言结束时，掌声四起，台上的何厚铧副主席朝他竖起大拇指；会散碰到杨澜，她也冲过来握着他的手说：“会长讲得真好！”

可以说这是于会长做人的爱憎分明，也可以说这是于会长作为会长的敢于担当！如孔子所言“有德者必有言”“仁者必有勇”。于会长去世当日，自媒体上就有许多律师感叹他做会长时维权之不易、维权之可贵。“财新网”也在第一时间报道，于宁会长任职期间的2011年6月，北海发生侵犯律师权益事件，4名广西律师涉嫌“妨害作证”被抓，全国律协随即发布声明，表示严重关注此事，并呼吁当地政府及司法部门保障律师执业权利。

其实，这并非“唯一”，只是“之一”。2009年7月，发生过云南律师在开庭期间被法官铐在篮球架上一事，于会长第一时间致电云南律协相关负责人表示关注，要求云南律协参与调查，并以全国律师协会名义发布声明，对外表达协会立场。我对此事印象深刻，当天正好是全国律协召开会长办公会议，在于会长打电话时，我记得金山副会长、蒋敏副会长与我均在场。

在维护律师权益方面，于会长不仅“发声”，而且“奋笔”；不仅关注“个案维权”，而且践行“制度维权”。我不止一次地研究于会长的政协提案，一遍又一遍地从中感受他维护律师权益的拳拳之心与铮铮誓言：关于保障《律师法》实施的提案，关于对追究辩护律师涉嫌伪证罪设定特别程序的提案，关于完善证人鉴定人出庭作证制度的提案，关于最高人民法院对《刑法》第306条作出司法解释的提案，关于提高我国刑事案件律师参与率的提案……

五

3日一大早，我几乎一路小跑冲上于会长的家……凝视着鲜花丛中于会长的照片，确切地说是于会长的遗像，我禁不住放声大哭……这时候，我才真真切切地感受到：于宁，我的会长、我的主席、我的兄长，他真的走了……

6日夜半，北京上空雷声大作，暴雨如注。这是上天不忍于会长离开人间的哭与泪吗？

7日一早6时08分，于会长的家人，还有我与李淳、敬前、世亮、白敏等国浩同仁，到306医院接于会长上路。不经意抬头，竟望见于会长家住的那栋楼，直线距离不足300米，人行距离不过半公里。一墙之隔，一步之遥，可生死之间，阴阳之隔，令人更加唏嘘！

灵车驶出医院，回头看，只见大楼上方处的红色大字“忠诚于党、报效祖国、忠于人民”。以当过一名军人为自豪的他，生命最终定格在306医院这个军人之家，难言宿命，还是巧合。而这几个大字，正是于会长终生的追求、一生的写照！

清晨的八宝山，庄重、肃然。于宁会长安详地“睡着了”……他的身上，覆盖着中国共产党党旗。“送战友、踏征程，默默无语两眼泪……”音乐响起，奏响了为他送行的序曲。

我看到了花圈挽联上俞正声、周强、曹建明、王刚等党和国家领导人的名字，正如有律师评价：老于啊，盖棺定论，此生足矣！而且，周强院长、沈德咏常务副院长是率领最高人民法院几乎全体班子成员送来花圈，司法部全体班子成员送来花圈，王俊峰会长、何勇秘书长是率领全国律协及秘书处几乎所有班子成员前来送别，李公田书记、高子程会长是率领北京律协几乎全部历任会长和现任班子成员前来送别！此刻，我对“众望所归”“有口皆碑”有了更加深刻的理解。

我看到了邹瑜老部长的名字。他是中华全国律师协会的第一任会长，再过 4 天，即 7 月 5 日，就是中华全国律师协会成立 30 年的日子。30 年前的 7 月 5 日，第一次全国律师代表大会在北京召开。而就在今年 3 月 30 日，第一届会长邹瑜与第六届、第七届会长于宁一起参加了在人民大会堂召开的第九次全国律师代表大会，未曾料想的是，在这次会议 2 个月后，96 岁的邹瑜会长来为 62 岁的于宁会长送行……

我看到了张福森老部长，更加清瘦、憔悴，向年轻自己不少的小兄弟道别，欲哭无泪，万般不舍。于太太陆老师曾经告诉我，张部长退休后，每每听闻社会上有关律师的那些事儿，总是第一时间致电于宁，听听他的看法。我突然想起毛主席哀悼罗荣桓元帅的那句话：“君今不幸离人世，国有疑难可问谁。”

我看到了司法部教育司老司长，也是全国律协老副会长的甘绩华先生，拄着拐杖，颤颤地步入告别大厅，而当他向比自己年轻许多的于宁鞠躬的那一刹那，竟慢慢地放下拐杖，深深地探下身躯。“白发人送黑发人”，这不正是人世间最难言的悲恸吗？

我看到了于会长38军的战友、曾经的卫生队女兵们，望着躺在鲜花丛中的她们心中的男神，抱头失声痛哭。人世间最真的情谊，莫过于一起扛枪打仗的战友啊！是呀，他们一起打过这样一个仗：唐山大地震抗震救灾，正是在这场战斗中，年轻的于宁火线入党，并荣立三等功！

我看到了许多于会长在中纪委工作时的老同事的名字，其中有现任上海市委常委、组织部长徐泽洲。我想起2014年在一次徐部长主持的座谈会上，我作为上海市党代表，建议上海党政机关建立聘请律师担任法律顾问的制度，并举例说明到：湖南省委建立法律顾问团，聘请全国律协会长于宁等律师担任法律顾问……这时，徐部长眼睛一亮，抬头插话到，于宁啊，是我中纪委的老同事，我们当时住在一个楼里呢……似乎在公共场合，领导们不太提旧时的人、过去的事，可徐部长主动提及于宁、畅谈往事，一方面表明部长为人真诚，另一方面也说明于会长人品好、口碑佳，无论在哪儿，大家总以他为荣、以与他共事为幸。

我看到了中国证监会主席助理黄炜前来为于会长送行，也看到了中国证监会上市公司监管部送的花圈。我想起有一位律师在追忆文章中写到这样一层意思：于宁会长并不是以办大案出名，也不是以赚大钱出众，却赢得了整个行业的尊重。此话说得客观实在，这也正是于宁会长的人格魅力所在。其实，于会长是有机会更有能力去办大案、出大名、赚大钱的，只是在中国律师事业发展最为美好的时代，在他人生最为美好的年华，他将自己的聪明才智全部奉献给了律师行业管理工作。而且，他在律师行业管理方面展现出的才华与取得的成就，把他曾经的执业能力与办案水平大大地覆盖了。于宁会长是连任三届的中国证监会发审委委员，那时候，IPO上会委员的名单是保密的，开会前一天会有证监会工作人员将装满申报材料的拉杆箱拉到于会长办公室，他总是挑灯夜战，在第二天上午的发审委会议上就专业问题侃侃而谈。同为委员的上海证券交易所原副总经理周勤业、中国证监会原首席会计师周忠惠，对他的专业水准均赞不绝口。后来，于会长还担任了中国证监会重组委咨询委员，经常参会对上市公司重大资产重组的疑难杂症“会诊”。于会长也并非没有办过大案，他曾经提起，为浙江一家证券公司打过一场大大的官司，甚至与相关监管部门唇枪舌战多次，为该公司避免了数亿元的损失。只是那家公司也不那么诚信，还欠了一大笔律师费。后来于律师成了于会长，他竟不太好意思“兴师问罪”再去追讨，为此我还为他义愤填膺了一番。对中国资本市场的法治建设，于会长不仅特别关注，而且颇有心得。有一次他专门与我商量要在政协大会上为资本市场发展提个提案，我们以及国浩研究院同事一起集思广益，写了“改革新股发行制度”的提案，受到各界好评。可以说，在资本市场专业法律领域，他始终没有停止学习、研究与服务的步子，并作为发审委与重组委的“双料委员”，进入证券行业普遍认可的最高级的专业人士行列。

我看到了律师“大咖”，高大的刘红宇与精瘦的朱洪超，如一面墙，像一棵树，挺立在送行队伍的最前面。我看到了法界“大V”，如刘桂明，还有吕良彪，连夜写就追思文章，一早赶来再见会长最后一面。我看到了行业“大炮”，从长沙千里奔来的杨金柱，红着双眼向于会长鞠躬又鞠躬。我至今还清楚地记得，有一次全国律协在长沙召开常务理事会会议，杨金柱与于会长在机场咖啡厅里就有关《刑法》第306条的修改问题激情对话。我看到了商界“大佬”，中国保险、神华集团、中船集团、中海集团、中国移动、中铁股份、海航集团、银泰股份……我看到了学界“大家”，朱善璐、吴志攀、何勤华、顾功耘，还有北京大学、人民大学、清华大学、上海交大、中国政法、西南政法、华东政法、西北政法……我看到了社会各界“大拿”，围棋大师、桥牌大师、艺术家、摄影家、会计师、评估师……我更看到了律师行业“大众”，白发苍苍的老律师、年富力强的中年人、青春洋溢的新锐者，香港律政司、香港大律师，澳门廉政专员、台湾诸多“道长”，纽约、巴黎律师会长……于是，我更加明白，这是因为于会长，是一个“大人”——大写的人！

六

7 月 1 日上午，电视直播中传来习近平总书记的铿锵之声：“不忘初心，继续前进……”

我在想，于会长这个“大写的人”，他的“初心”又是什么呢？

是对党忠诚！《于宁同志生平》的第一句话便是：“中国共产党的优秀党员……”忠诚于党，在他工作的每一个方面，在他生活的每一个时刻，在他做人的每一个细节。2011 年 7 月，于会长特别建议全国律协常务理事会会议在延安召开，他率领大家在宝塔山下浇灌“律师树”，在枣园重温入党誓词，在张思德像面前背诵“为人民服务”。他特别对我们说，他是动用了“私人关系”才好不容易争取到能在宝塔山上种下这棵树的，紧挨着这株“律师树”的是中组部以及中央各部委的树，他说特别希望能在中央领导们来为他们种的树浇水培土的时候，看到中国律师行业的这棵小树，正在延安精神的滋养中茁壮成长……那天，大家久违了这样的党的组织生活，都非常感动和激动，也非常感慨和赞叹。在晚上陕西司法厅和律协为大家举办的欢迎晚宴上，于会长还特别让我代表常务理事会致辞，我竟动情地脱口而出贺敬之的这首诗："心口莫要这么厉害的跳，灰尘呀莫把我眼睛挡住了……手抓黄土我不放，紧紧贴在心窝上。几回回梦里回延安，双手搂定宝塔山。千声万声呼唤你——母亲延安就在这里！……身长翅膀吧脚生云，再回延安看母亲！"

是法治信仰！北大法律系科班出身，又攻读北大法学硕士，这些无疑为于会长传下法治的基因，种下正义的种子。法治与正义，铭刻于他的心中，流淌在他的血里。无论是纪委办案，还是律师执业，抑或行业管理，他总是法言法语、法律思维、法治方式。正是有这样的法治信仰，才使他无论工作顺境还是面临逆流，总是凛然般正气，富贵不淫、威武不屈。他也会在特定的场合讲一些"官语"，说一些"官话"，可万变不离其宗，服从和服务于他的价值追求与理想信念。他敢于更善于与司法机关和政府部门打交道，不疾不徐，侃侃而谈，游刃有余，以自己特有的工作方式为律师维权、替律师谋利。

司法部律师司司长、全国律协前秘书长周院生就说，在于会长任上，中共政法委开会时全国律协是有一席之地的，于会长的发言也多次引起中央领导的重视；在于会长任上，全国人大将全国律协列为常规性的对法律草案征求意见的单位，使律师参与最高层面的立法工作有了制度性的安排。

重庆律协前会长孙发荣多次动情地回忆起她在最危险的时刻于会长对她的支持。不与王立军同流合污的孙发荣会长曾遭受巨大的压力，甚至有关领导要求她辞去会长职务。在2010年12月的全国律协理事会合肥会议期间，于会长与她彻夜长谈，斩钉截铁：坚决不辞职；你是民选会长，相信律师们手中的选票；就算有关部门违反程序撤职，我们全国律协不认可、不接受，更不会罢免你全国律协常务理事职务！孙发荣会长得令回渝，坚持会长、坚守职责，终迎云开雾散，她也被行业誉为“业界良心”“最美会长”。于会长卸任后，我与李淳陪他去重庆，孙发荣会长设宴欢迎，把酒致谢，于会长笑而不语……这微笑，充满自信、富含魅力！

是家国情怀！我清楚地记得，2014年12月20日，正是我们“国浩英才培训班”在北京大学举行的日子，知道我喜欢睡懒觉，一起出差时从不一大早叫我，甚至怕我不吃早饭还常常从餐厅带包子给我的于宁会长，却大清晨拉上我去逛北大校园。未名湖、三角地、图书馆、燕园，毛泽东、李大钊、马寅初、陆平……一路走来，一路畅谈。我们还特别在厉以宁教授书写的“敢当”石碑前留影。出身名门，又与名门之后喜结连理；耳濡民主、目染科学，沦肌法律、浃髓独立，修身齐家治国平天下，造就了于会长的精神世界。

《南方周末》的记者就曾问我，同样的北大学子、同样的法律人邹碧华，与于会长有什么相同之处？我不假思索地说，他们都拥有共同的家国情怀！邹碧华与于宁，同属马，可谓马跃千里任劳任怨；都是北大法学生，养成法治素质；同为中国法律人，在不同岗位上守护公平正义；同样令人扼腕的，竟都是因为心脏病突发，没有留下一句话，便撒手人寰。邹碧华院长倒在参加司改会议的路途上，而于宁会长在31日当天还在参加最高人民法院召开的人民陪审员制度改革试点中期评估会议，而就在摔倒前一个多小时，还在微信上向我和李淳交代国浩参加司法部就内地律师事务所在我国香港发展调研工作之事。生命不息，战斗不止！

是严实作风！习近平总书记说，推进作风建设要“严以修身、严以用权、严以律己”，要“谋事要实、创业要实、做人要实”。[1]严实，是一名共产党员、也是一名律师行业管理者，应有的作风与品格。于宁会长堪称严实典范，他党性修养强，道德境界高；他从来都是按制度、按规则、按规矩行使律师赋予的权力，不搞特权，不谋私利；他心存敬畏，慎独慎微；他遵循律师事业的发展规律谋划律师行业的发展，不好高骛远，不脱离实际；他脚踏实地，真抓实干，敢于担当，勇于面对；他忠诚老实、

1 《严以修身　严以用权　严以律己　谋事要实　创业要实　做人要实》，载新华社，2014年3月10日。

襟怀坦荡。他任职会长 6 年，会长副会长班子相当团结，会长与秘书长非常和谐，同心同德谋大业，齐心合力干大事。诚如孔子所言，君子“周而不比”“群而不党”，这样的氛围取决于他坐得正，行得端，亦如孔子所说：“政者，正也。子帅以正，孰敢不正？”智者“知人”，仁者“爱人”，于会长是智者，更是仁者。

当全国律协会长时如此，在卸任会长后担任国浩主席，他依然如此，对自己没有任何放松，保持勤勉、不懈进取。2011 年年底，连任两届会长后于会长荣休，经李淳与我诚邀力请，半年后他出任国浩律师事务所主席。此后，他以战略家的格局、国际化的眼光、兄长般的胸怀，引领国浩稳健发展、再上层楼。他建议发起了一年一度的以全面深化改革与全面推进依法治国为主题的“国浩法治论坛”。3 年来，这一论坛分别围绕城镇化建设、科学民主立法、“一带一路”建设论道建言，江平、周其仁、应松年、张福森、段正坤、赵白鸽、张鸣起等专家、领导与律师同人济济一堂，交流交融，成为每年年末法治界一道亮丽的风景线。

于宁主席倾心亲力推进国浩律师事务所的国际化发展战略。他率团访问法国、西班牙、我国香港特别行政区、我国台湾地区等国家和地区，与当地律师协会、律师事务所以及相关司法、行政机构开展交流与沟通，宣传中国律师制度，推介我国法治建设成就，增进彼此互信与合作，堪称“民间法治大使”。他气质儒雅，不卑不亢，谈笑风生，真诚善意，赢得国际友人的广泛赞誉，博得港台同胞的倾情叹服，更令国浩同人真心钦佩。

于宁主席关注重视国浩律师事务所的青年律师队伍建设。他直接牵头，由我们与他的母校北京大学法学院共建“国浩英才培养计划”，每两年精心挑选30名优秀青年律师在北大校园学习培训。青年律师们亲感燕园风情，聆听大师教诲，熏陶北大文化，无不表示受益匪浅，终身难忘。于主席冒着严寒亲赴课堂总结并为学员颁证，令青年律师们动容、动心！大家像孩子一样围拢在于主席身边合影，幸福如花儿一般灿烂……

是宽厚风尚！于宁会长为人温和、宽厚，与人为善，对待律师同人总是面带微笑。无论是功成名就的大佬，还是初出茅庐的新人，他都一视同仁，嘘寒问暖，谈天说地。尤其可贵的是，他总是不遗余力地为一线律师站台，对年轻律师点赞，尽显领导风采、长者风范。王才亮律师就深情回忆起于宁会长鼓励他从江西来北京发展之事；而我也曾陪于会长请北京朱明勇律师吃饭，于会长向他推荐一个刑事案子；于会长鼓励天津青年律师刘乃进拓展私募股权法律服务，还专门向中国基金业协会领导推荐他；于会长应内蒙古律协巴布会长之邀，率上海律师与内蒙古律师切磋新三板法律服务技能……他始终如《论语》中曾子说的，总是在反省自己“为人谋而不忠乎？与朋友交而不信乎？”从而“为人谋而忠”“与朋友交而信”。他总是“温、良、恭、俭、让”，是一位“成人之美，不成人之恶”的“君子”。许多律师发自内心地说，于宁会长真是律师们的好大哥！

自然，于会长是一名好丈夫、好父亲。陆昀老师含泪告诉我，这几年于会长时间上稍微宽裕了些，便带着她走南闯北看天下，想尽量弥补此前多年来少有时间陪家人的遗憾，其实这些地方，于会长早就去过，甚至去过多次……于会长对儿子于颢的成长非常自豪，对他的创业更加关心，他说他是儿子的投资人——“天使”投资人。我开玩笑地说，更确切地说您是“pre-天使”投资人，只求投入，不问回报，只愿付出，不论对价……不过他对自己，在时间分配上却又太苛刻，在个人享受上却是无所求。在于会长家里，我见过他一张下围棋的照片，陆昀老师告诉我，自从他当了会长，便与他心爱的围棋、桥牌说拜拜了。陆昀老师在于会长去世后收拾他的书房时，在书桌上看到一张他从报纸上剪下来的牌谱，他太喜欢桥牌，可这太花大块大块的时间了，一时兴起也只是研究研究牌谱。说到这儿，陆昀老师已是泪流满面。

生于1966年的我与于会长同样属马，我们俩总是说，我是“小马奔腾”，他是“老马识途”。50后与60后有太多的历史交集，于是有太多的共同语言，我们在一起总是有聊不尽的天，说不完的话。记得有一次我说到我作为邹碧华先进事迹报告团成员，随报告团去井冈山干部学院作报告。盘旋上山途中，团中我们3

位60后倒背如流毛主席的诗“久有凌云志，重上井冈山，千里来寻故地，旧貌变新颜……”令同团的80后惊讶不已！于会长大笑，于是与我一起背诵“……到处莺歌燕舞，更有潺潺流水，高路入云端。过了黄洋界，险处不须看……世上无难事，只要肯登攀……”他兴致未减，又来一段同样可以倒背如流、同样令我惊讶不已的“1970年元旦献辞”：“二十世纪六十年代过去了。全世界无产阶级和革命人民，以豪迈的战斗步伐，跨进了伟大的七十年代。放眼全球，展望未来，我国各族人民心潮澎湃……”

一个月过去了，手机通讯录中于会长的电话依旧在，可这个电话的铃声再也没有能响起。于会长是真的走了吗？是真的走了。可是，他又一刻也没有走啊！“有的人活着，他已经死了；有的人死了，他还活着。”于会长不是依然活着吗？他活在我们的脑海中，他活在我们的心田里。

孔子曰：“克己复礼为仁。一日克己复礼，天下归仁焉。”于会长正是我们公认的仁人，正是我们心中的君子；他是“一个高尚的人，一个纯粹的人，一个有道德的人，一个脱离了低级趣味的人，一个有益于人民的人”；他是我们学习的榜样，我们永远纪念他！

（这是作者写于2016年7月1日怀念于宁会长的纪念文章）

19
怀念贾勇*先生

贾勇先生离开我们已经整整一个星期了。可是我们感觉，他根本就没有走，他就在我们身边。

每天傍晚过后，国浩微信公众号的发布如约而至，似乎是贾勇先生正在微笑地对我们说：今天的文章你看了吗？今天的资讯还不错吧？

贾勇，出生于1963年1月，属虎。可是他的身上却没有老虎一丝的气势汹汹、一毫的盛气凌人，而是始终的温文尔雅、如一的泰而不骄，“躬自厚而薄责于人”。记得有一年年会我在讲话中就说，我们要学

* 贾勇，生前系国浩律师事务所发展研究院执行院长。

习贾勇，他是我们的老黄牛！是的，贾勇先生，是再典型不过的老黄牛了！

老黄牛是乐于奉献的，不讲条件，不计得失，不论索取，唯求贡献。就像鲁迅先生讲的，吃进去的是草，挤出来的却是奶……

老黄牛是任劳任怨的，一心一意，精致耕耘，从不怨天尤人，始终低着头，永续尽其心。恪尽职守，循环往复；兢兢业业，尽心竭力。

老黄牛是甘于寂寞的，总是默默地，不论头顶烈日，还是披星戴月。不管作出了多大的贡献，当聚光灯照来的时候，却还是默默地躲藏在阴影里。

老黄牛是心地仁慈的，“怡怡如也”，总是吃最多的苦，一直走最难的路，却不去麻烦别人，而是把困难留给自己，忍着，扛着。

老黄牛是爱憎分明的，虽温和无争，却也是外柔内刚，心里自有一杆秤，关键时刻坚持原则，尽显刚烈与倔强的那一面。

老黄牛是技艺精湛的，心无旁骛，可谓“能工巧匠”“大国工匠”，心好活儿也好，或者说活儿好心更好，堪称“德艺双馨”。

老黄牛是热爱生活的，乐山又乐水，行路且阅人，奉献着并快乐着。青山绿水间不经意的仰天长啸，却总是奏出人世间乃至天籁里最美的乐章。

贾勇先生何尝不是如此？甚至有过之，而无不及！

我们总是夸奖贾勇这头老黄牛，敬重贾勇这头老黄牛，也总是心疼他，宽慰他，可他却总是微笑着说，“知道了”“没事的”“没关系”，依然默默地往前走。

今天，这头老黄牛是真的走远了，可是他又确实没有走，他永远在你我的心里！

大诗人说得好：有的人活着，他已经死了；有的人死了，他还活着……有的人，俯下身子给人民当牛马……给人民作牛马的，人民永远记住他！……

让我们记住他，贾勇先生，这头老黄牛！

人生自古谁无死，留取丹心照汗青！

最后说一句，贾勇，是可以被我们称为“先生”的，故曰，“贾勇先生”！

（这是作者写于 2018 年 9 月 1 日怀念贾勇院长的纪念文章）

20

“希望让律师的执业环境越来越好”

去年 12 月 10 日傍晚时分，上海市高级人民法院副院长邹碧华* 不幸离世的消息迅速传遍整个律师界。惊闻这一噩耗，律师们无不感到震惊和悲伤。

夜幕降临，我握着手机呆坐在办公室，眼前浮现

* 邹碧华，上海市高级人民法院原党组成员、副院长，上海法院司法改革领导小组成员。2014 年 12 月 10 日因公殉职，终年 47 岁。习近平总书记作出重要批示称赞邹碧华同志是“新时期公正为民的好法官，敢于担当的好干部”。中组部、中宣部、最高人民法院、上海市委分别追授邹碧华同志“全国优秀共产党员”“时代楷模”“全国模范法官”“上海市优秀共产党员”荣誉称号，并组织邹碧华先进事迹报告团巡回演讲。邹碧华 2018 年被授予“改革先锋”称号，2018 年 11 月入选 100 名改革开放杰出贡献对象，2019 年 9 月获得“最美奋斗者”荣誉。

出与邹碧华生前交集的一幕又一幕。

“红兵，我们新推出了‘律师服务平台’，欢迎您提意见！”

“红兵，我们要共同努力，构建法官和律师的良性关系，打造新型的共同体。”

他恳切的话语，他精彩的演讲……一个又一个画面模糊了我的双眼。

那一晚，我的微信朋友圈被所有法律人的追思刷成了灰白色。每一张照片，每一段文字，都能引起大家的强烈共鸣，也一次又一次地触痛着大家的神经。那一晚，我和许多律师同人都彻夜难眠，大家追忆着，思考着……

一直以来，法官与律师分属体制内和体制外两个不同的群体，各自有所封闭，缺少足够的认同，有时甚至相互轻视，惺惺相惜的相对较少。

2010 年年初，时任上海市长宁区人民法院院长的邹碧华，在听取纪检监察工作汇报时得知，有律师反映，一些法官在庭审中时常打断律师发言，甚至呵斥律师，一些判决书对律师代理意见回应较少或回应时遗漏要点。

这让邹碧华很是感慨。他认为，律师与法官尽管职责分工不同，但双方作为法律职业共同体，化解社会矛盾、维护法律尊严、追求公平正义的目标是一致的，因而有必要在相互尊重的基础上建立良性互动关系。

基于此，他亲自起草并主导推出了《法官尊重律师十条意见》。一个基层法院，能在全国法院系统率先为保障律师权利出台正式文件，在律师界乃至法律界都引起了震动。

“十条意见”包括，庭审中法官不得随意打断律师发言，法官不应当着当事人的面指责、批评律师，更不得向当事人发表贬损律师的言论，甚至连为律师预留车位、提供休息区、提供复印设施等细节，都收入其中。

这让我们律师心生敬佩和感动，并给予了积极回应。长宁区律师工作委员会向全区律师发出了律师尊重法官的倡议书。上海律师学院在为新执业律师授课时，将做好庭前准备工作，在法庭发言时注意控制情绪，给予法官充分尊重，避免冲突等内容，均列入其中。

2012 年，邹碧华在博客中写下一篇题为《法官应当如何对待律师》的文章，反思法官的角色意识，阐述了法律职业共同体建设对中国法治的重要性。

他写道，如果不能正确处理好法官与律师的关系，日积月累，必将动摇法治的根基——信任，司法的公信力将无从谈起。

邹碧华对律师的尊重，绝不是停留在一纸文书之上，而是凝结在他对律师的一言一行之中。一位老律师从深圳赶到上海开庭，在法庭上一时找不到一份证据材料，急得满头大汗，作为审判长的邹碧华，对他说："您慢慢找，相信大家都会等着您。"老律师坐下后很快找到了材料，顺利发表了代理意见。开完庭后，老律师说："这位法官这么善解人意，今天是我发挥最自如的一次庭审。"

在我看来，邹碧华对律师的这份尊重，远远超出了对某一位个体律师的关心，其实是对律师职业的尊重、对律师行业的呵护、对法律制度的敬畏。

"希望让律师的执业环境越来越好。"我和我身边的很多律师，手机里都保存着这条截屏，这是邹碧华在去世前一天发出的最后一条微信朋友圈的留言，时间永远定格在 2014 年 12 月 9 日 11 时 45 分。这是他对当天试运行的上海法院"律师服务平台"写下的寄语。这句话，在我们心中成为永恒。

在邹碧华写下这句寄语的 2 周之前，全国律师协会民事委员会 2014 年年会在上海召开，他受邀作了"司法改革背景下构建法律共同体的几点思考"的演讲，"律师服务平台"的雏形，第一次闪现在我们眼前。

邹碧华像是"法院的产品经理"，精心打磨着律师服务平台的每一个功能。在前期调研中，他曾派工作人员在全上海范围内调取了20万件有律师参与的案件，经过仔细核算，他们发现，若每个案件中，律师通过网上阅卷减少往来法院的次数，就能节省 60 万个小时工作时间，10 万次车辆往返。为帮助律师识别恶意诉讼的情况，服务平台专门设置了“关联案件自动推送功能”，将同一当事人在上海法院系统涉及的案件制作一份清单推送给律师。还有庭审排期避让功能，免去了同一律师同一时间几个案件在不同法院开庭的困扰。

这个服务平台的推出，自去年 7 月启动，到 11 月邹碧华向我们展示，前后只用了短短的 4 个月！我惊叹于这种高效率，殊不知在这背后，需要邹碧华和他的团队倾注多少心血，又有多少个殚精竭虑的夜晚。

如今，上海 1325 家律师事务所的近 17000 名律师，都已成为这个服务平台的受益者。

通过使用，律师们惊喜地发现，平台提供了从案件材料递交、缴纳诉讼费到获取案号的“一条龙”服务，实现了真正意义上的网上立案。此外，申请诉讼保全、调查令，甚至证据质证、调解等事务，也都可以通过平台来完成。为确保各项程序在可视化下进行，平台还专门设置了网上评价功能，法官与律师可以进行双向评价，以实现相互监督。

这个服务平台让律师感到了执业的幸福感，而这种幸福感，也会通过我们，传递给每一位案件当事人。这个平台，看似提高了律师的工作效率，其实是保障了律师的执业权利，从而最终维护了当事人的诉讼权利。

与邹碧华相识10余年，我觉得无论是作为法官还是法院的管理者，他总能站在整体的高度，为构建法律职业共同体做着不懈的努力。因为他清醒地认识到，各种法治力量都是为公众输送公平正义的平等一环，唯有珍视这种相生相存的价值纽带，才能凝聚起法律职业共同体之间的最大共识，才能赢得人民群众对法治的真诚信仰。

斯人已逝，幽思长存。得知他不幸离世的消息，上海的律师们陷入无限惋惜和哀思之中，深圳律师协会专门为他默哀，湖南律师协会特别为他制作了悼念专辑……一位与他素昧平生的河南律师，特地乘火车赶来上海参加他的追悼会。

内蒙古律师协会会长巴布律师，就是在去年11月的那次全国律协民事委员会的年会上第一次见到了邹碧华。邹碧华主动对巴布说，可以将内蒙古律师的身份认证资料传到上海，“我们把名单纳入‘律师服务平台’，这样内蒙古律师在上海办案就更方便了。”2014年12月13日，在邹碧华离世后的第三天，我在杭州开会时遇到巴布。回忆起当时与邹碧华短暂交谈的情景，这位内蒙古汉子紧紧握住我的手，竟泣不成声。

一位法官的离世，为何会引起如此众多法律人甚至老百姓的共同缅怀？回想起与他生前交往的点滴，其实不难找到答案。

从做人的角度看，他具备坦白的风格；从做法官的角度讲，他具备坦诚的品质；从做院长的角度说，他具备坦荡的胸怀。

他的身上充满了理想和乐观的色彩，他是一位极具人格魅力的人。他以自己的远见卓识、专业素养、敬业奉献和对司法事业的无限热忱，让我们看到了整个法律界的共同价值观和最大公约数。

邹碧华曾说，每个人都是历史，如果能让自己完美一点，历史也会完美一点。

他用生命，让法治的天空更晴朗。而我们，就是要继承他的理想信念和实践创造，带着他心中的那团火，奋力前行。

这，就是我们对邹碧华最好的追思。

谢谢大家！

（这是2015年3月1日在人民大会堂举行的“邹碧华同志先进事迹报告会”上作者的报告内容，上海市高级人民法院吴艳燕参与执笔，报告团成员还有上海市高级人民法院政治部主任郭伟清、上海市长宁区人民法院立案二庭副庭长张枫、邹碧华同志的妻子唐海琳和人民日报社上海分社采访部主任郝洪）

21 为上海女律师点赞

上海女律师联谊会出本书，嘱我写几句话，这可不是好写的！

突然想起有一次在女律师联谊会会议上我说过的一句话：做律师难，做女律师更难，做优秀的女律师难上加难，在上海做优秀的女律师超级难！于是我说，为律师的书写几句话，难；为女律师的书写几句话，更难；为优秀女律师的书写几句话，难上加难；为上海的优秀女律师写几句话，真是超级难！一切都是因为，上海的优秀女律师，实在太优秀！

话说两头，言归正传。女律师，与上海这座优秀的城市还真是有缘！中国近代律师制度诞生百年，创立彼时标志性人物不可磨灭地有史良大律师，并由此其光辉形象铭刻在中国历史上。改革开放后上海律师协会首任会长韩学章同志，其音容笑貌不仅闪现在悬挂于上海律协会议室的油画中，也始终跃动在上海一代又一代律师的心里。上海首位执业律师会长朱洪超，其律师生涯的恩师也是一位女性，倪彬彬律师，倪老师 11 月刚刚仙逝，令我辈扼腕叹息并深深怀念。

说大了，还是往小里讲。其实，我本人的律师工作，自然也与女律师有缘。20 世纪 80 年代末大学毕业实习季，在当时的上海第四律师事务所，特别崇拜吴萍律师，风风火火，银铃声笑，庭上口才了得，用现在的话说堪称“女神”。我真正走向律师职业的带教老师也是四所的徐士英教授，跟她在 1992 年便经办了时为上海最大的股票交易纠纷案，她的勤勉作风、研究能力、治学精神为我树立了一生的标杆。而在 1993 年创办律师事务所后，进入行业有幸得到两位律师、也是律师行业管理者李海歌、刘小禾的关爱，至今每当给我们事务所年轻人介绍她们二位时，我总是颇为羞涩地说，这是我从事律师事业的两位“监护人”……

自己也慢慢成长起来了。2001 年至 2005 年，我担任了上海律协副会长；此后在 2005 年至 2008 年，担任了上海律协会长。

因为工作关系，更有幸与女律师们打成一片！一起共事的缪林凤副会长还时任市政协委员，刚直不阿，一身正气，成为我日后担任政协委员的榜样；钱丽萍副会长时任市人大主席团成员，“两会”期间主席台上一亮相，用老话说“杀死众多菲林”，用现在语说叫“帅呆了”；李慈玲副会长同样是“大姐大”，从缪会长、钱会长手中接过女律联会长的接力棒，承上启下，屡创辉煌；而今由黄绮副会长担任会长以及裘索、葛珊南等担任副会长统帅的女律联，更是群星灿烂，繁花似锦，届满之际本书的出版，与其说是收官，不如说是新的启航。

不仅工作上成长了，自己的年龄也自然长大，步入本命，逼近50岁。差不多上下年纪的女律师们如孙志祥、丁伟晓、王小咪、罗洁、金缨等正值事业如日中天，足以支撑上海律师半边天。更有年轻的后来者如谭芳、孙彬彬、岳雪飞、徐珊珊、韩璐等前赴后继、异军突起、大放光彩，正是“桐花万里丹山路，雏凤清于老凤声”；而更为年轻的后来者，也已是“小荷才露尖尖角，早有蜻蜓立上头”。

其实，上海女律师事业的发展正是上海律师业乃至中国律师业发展的缩影。在这一征程中，女律师们一定有过“停杯投箸不能食，拔剑四顾心茫然”的忐忑，也会有过“欲渡黄河冰塞川，将登太行雪满山”的窘迫，或许期待“闲来垂钓碧溪上，忽复乘舟梦日边”的惊喜，但却始终怀有“长风破浪会有时，直挂云帆济沧海”的信念。而如今，当党的四中全会的法治东风吹来了中国律师业的春天，上海女律师们正气宇轩昂、昂首阔步，走在大路上。

于是，我们眼中的上海女律师们，击浊扬清的豪气与宁静婉约的文静如此完美地互动，动若脱兔的灵气与静如处子的雅致这般无缝地结合；谈判桌前举手投足时无处不彰显才华，论辩场上眉宇颦笑间无时不挥洒自信；参政议政时提案字字珠玑一针见血，志愿服务中访贫问苦声声入耳饱含深情；走进法庭时她们是飒爽英姿的律政俏佳人，旗袍加身后她们乃闭月羞花抑或沉鱼落雁；在事务所她们是大 P 大主任叱咤风云，回归家庭她们摇身变为人妻人母人女万般柔情；不求“众芳摇落独暄妍，占尽风情向小园”的孤傲，却愿“一花独秀不是春，百花齐放春满园”的团圆；尽显“千里莺啼绿映红”的当下风采，不失“多少楼台烟雨中”的心路历程，更怀“天下谁人不识君”的美好愿景……当我们为她们点赞的同时，她们也为自己点赞。正是这份自然与自信，让她们更美丽更动人！

记得有位法学家说，一个城市女律师的人数及其在律师队伍中的比例，足以显示这个城市的文明程度法治层次，5000 多名女律师及近 35% 的占比，是一个足以说明这种程度与层次的数字。上海这座优秀的国际化大都市，培养了这一支优秀的女律师队伍，而这一支优秀的女律师队伍，已经也正在为上海这座优秀的国际化大都市增光与添彩!

祝福上海的女律师，祝福上海女律联!“路漫漫其修远兮，吾将上下而求索。”

（这是作者2014年12月10日为《律政伊人》一书所作的序言）

22

在今天这个时代，成为好律师的世界观和方法论

非常高兴与各位青年律师互动交流。作为全国律师协会青年律师工作委员会的第一任主任，义不容辞！

在座律师有的是政协委员，政协有句话：交流、交锋、交融。在座律师更多是青联委员，青联常说：聚是一团火，散是满天星。希望今天我们通过交流甚至交锋，擦出火花，有些共识，彼此交融，凝聚正能量，并释放、传递、蔓延。

今天的时代，是中国律师事业发展最好的时代。上一周，全国律师工作会议刚刚结束。我的理解，一

个行业的发展如果不被纳入国家的整体发展之中来考虑，那么这个行业是没有地位、难有前景的。这次全国律师工作会议，把律师工作、律师事业置于全面推进依法治国的大背景下通盘考虑、统筹谋划，从这个角度，对这个会议作怎样高的评价都不为过。

我们是这个改革开放时代的受益者，我们更应当是这个时代的建设者。我们要共建、共享这个时代，这是我们年轻人应有的一份担当，也是一种情怀。

今天，我想从我们法律界的几个人、几件事说起，谈谈在今天这样一个全面依法治国的时代，我们的青年律师应该有怎样的一种担当。

邹碧华·法治信仰

从去年开始，“邹碧华”三个字，是律师界、法律界绝对绕不过去的一个名字。

为什么一位法官的离世，会引起如此众多法律人尤其是律师们的共同缅怀；为什么一名干部的殉职，会打动如此众多领导们甚至老百姓的内心世界？

我有幸成为“邹碧华先进事迹报告团”的 5 名成员之一，参与了邹碧华先进事迹的全国巡回报告。我的体会是，从邹碧华身上，我们分明深切地感受到了一份情怀，是这个时代最为需要的，却又是最为缺失的，甚至每个人都认为是最为重要的，却几乎许多人都怯于追求直至懒于提及、羞于提及的那份情怀——理想与信念！

活在当下于是就事论事的匆忙之中，物欲横流因此随波逐流的放任之下，坐而论道却又背道而驰的矛盾之处，唯独理想与信念在许多人的心中丧失了应有的位置，迷茫、迷失，淡漠、淡忘，沉寂、沉失。邹碧华的骤然离去，瞬间放电般释放的那种正能量，触动了许多人的心灵深处，让我们看到了自己的“小我”，乃至于这个“小世界”“小时代”。

邹碧华一心一意推动法院的律师服务平台建设，全心全意做关心律师支持律师的事，许多人都在问为什么？其实，正是出于法治理想与信念。

他去世之前最后一句话大家都耳熟能详——希望让律师的执业环境越来越好。邹碧华对律师的这种关心，不是对某一个律师的关心，是对这个职业的尊重，对这个行业的呵护，对这种制度的敬畏。因为律师制度是中国法律制度的重要组成部分。

所以，邹碧华是站在推进司法公正的高度，从构建法律职业共同体的角度，去做这些事情的。正是在这种理想与信念之下，愿做、善为，做得更好、更精。

“问渠那得清如许，为有源头活水来。”邹碧华是改革者，更是创新者；是批判者，更是建设者；是思想者，更是践行者；是行者，更是布道者。他客观、冷静地看世界；更热忱、投入地改变世界。他敢为，更善为；敢于担当，更善于成事；无我，更无畏；有脑，更有方。

同样作为法律人，我们要努力学习邹碧华的世界观与方法论，内化于心，外化于行，培养法律职业人的共同价值观，求得法律共同体的最大公约数。心存如此价值观，掌握这样公约数，法官也好、检察官也罢，必然要尊重律师价值、发挥律师作用，在共同追求司法公正过程中携手、协力。

商建刚·同侪尊重

7 月 23 日，上海律师商建刚，经上海市十四届人大常委会第二十二次会议表决通过，正式成为一名三级高级法官。一石激起千层浪。不可否认，“律师当法官”，已经成为本次司法改革的一大亮点、一大热点、一大聚焦点！

我想通过商建刚律师的这个例子来谈谈法律职业共同体的建设，这也是这次律师工作会议的核心话题。要构建司法人员与律师之间的新型关系，那么肯定有一个不合时宜甚至是必须改变的“传统关系”“老旧关系”。

我稍微总结了一下：既有“相互利用”的“亲家”之说，也有“彼此死磕”的“冤家”之言；既有出事法官怒斥律师“拉我下水”的后悔，也有受罚律师指责法官“逼良为娼”的无奈；既有对“千万收入”律师出任高级法官的吐槽，也有对优秀法官“下海”从头创业的评判；既有法院必须设立“隔离带”的感叹，也有律协建议安排“防火墙”的考虑。以上零零总总，众说纷纭，见仁见智，不过总体感觉不从容、不顺畅、不和谐。因此，在此背景下，建立新型关系可谓必要、必须、必然。

全国律师工作会议用 24 个字总结了这一新型关系：彼此尊重、平等相待，相互支持，相互监督，正当交流、良性互动。我个人觉得，互动的前提是互信，互信的基础是相知。知你方能信你，这是一个最简单的道理。

所谓相知，一方面是司法人员要知律师。其实就是要解决几个最简单的问题：律师是什么？律师做什么？律师怎么做？

我一直说，律师是个职业、是个专业、是个事业、是个行业、是个产业。律师没有一己之私，其所作所为只是为了当事人的利益、为了司法的公平正义。律师做事的方式，体现在刑事诉讼上，就是“较真，挑毛病，发现漏洞”。

这些问题我们说起来简单，但在实践中往往有关部门就不那么全面且准确的理解，有时看到了律师的政治性，便没考虑律师的法律性，有时关注了律师的社会性，却忽略了律师的经济性。

另一方面，律师也要知法官识法官。从律师中选拔法官，既要叫“好”，更要叫“座”。我曾经说，律师出任法官，肯定不是为了“钱”，也不是为了“权”，更不是为了“官”，而是出于奉献法治、维护公平的信念。据我了解，并不是律师们对出任法官“不想”“不愿”“不能”，而更多的因素是“不敢”，也就是基于对其出任前景的不那么明、程序的不那么清、定位的不那么确。从这一角度我们说，司法改革应当充分吸收法律职业共同体各方的共同参加。

加快司法体制改革的步伐，特别是健全审判权利运行机制，做到让审理者裁判，由裁判者负责。律师当法官，是要当一个真正意义上的法官，实现自己的法治理想。同时，要完善法官职业保障制度，包括建立符合法官职业特点的离退休制度，完善法官的工资制度、在职培训机制，健全法官履行法定职责保护机制、司法权威保障制度，以及完善司法荣誉制度，等等。

如此这般，法官的尊荣感才能真正树立并得以强化，正如那句话：“我愿意成为你，是律师对法官最大的尊重”，“律师当法官”则也可以成为执业律师的崇高愿望与追求理想，并为此不懈奋力与努力终身。

相识，相知，相敬，相守，这是一个渐进的过程。法官应畅谈“我的法官梦”，律师应唱响“我的律师梦”；法官与律师还应交流“我心中的律师”与“我心中的法官”，从而在互动中提高，在交流中共进，职业共同体更加专业，法治工作队伍更加强大，从而共同建设法治中国，共同维护公平正义，努力让人民群众在每一个司法案件中感受到公平正义。

蒋勇·行业责任

今天我想谈的第三个人物是蒋勇律师。蒋勇在他的微信朋友圈，每天几乎不分昼夜地发送许多消息、分享许多文章，矢志不渝地推广无讼学院、无讼阅读。

中国律师行业已成为一个拥有 27 万人的不小的行业，我们应当提升同业认同、提高行业素质、倡导业内合作、塑造行业和谐，对内增强凝聚力、对外打造战斗力！在这件事情上，蒋勇正在带头、在领先，值得我们同行、同人、同事，学习并共同为之努力。我们青年律师，更要有这样的行业意识、行业责任。如刚才何勇秘书长所说，青年律师强则中国律师强。

江平教授一直说，“律师兴则法治兴”。他其实也在讲，“法治兴则律师兴”。我的理解，律师兴是法治兴的标志与内容，法治兴是律师兴的基础与环境。同样，一个优秀的职业人，一定是诞生于一个伟大的行业中。所以，优秀律师是行业之所以伟大的标志，伟大的行业是诞生优秀律师的基础。

我们一定要有这样的胸怀和气质。我们一定要理解，我们“决不是一个人在战斗”。我们不要追求一枝独秀，一花独放，其实这是不持续、非常态的；我们一定要努力百花满园，万木成林，这样才能基业长青、历久弥新。我们青年律师肩负着一种无私奉献、推进整个行业前行的责任。

游闽键·社会责任

游闽键律师，一个福建年轻人、一个华政毕业生，闯荡大上海、成名上海滩，今年五一节全国劳模榜上便有他的名字。

他成功的秘诀，这两条似乎很重要。一个是专业见长，我们的青年律师不一定做得多么博大，但一定要在专业上做得更加精深；一个是社会责任，就是与专业追求结合起来、相辅相成、互动促进的那种社会责任。

游闽键在上海是市政协委员，他结合自己的知识产权专业提了很多提案，如有关个人信息安全、有关大数据法律保护；他开通了国内首条“创意产业知识产权免费咨询热线”，也是与自己的专业相结合；上海建设具有全球影响力的科技创新中心，他一直在努力宣传“知识产权那点事”。将自己的法律专业与关注民生相结合、与推进经济发展和城市建设相联系，或许便是游闽键履行社会责任的特点与特色。

因此，在领悟社会责任的时候，我们的年轻人不必盲目、不能跟风、无须从众。我们要把履行社会责任和自己的专业追求完整地、完美地结合起来，作为专业人士专业性地体现并践行社会责任。“达则兼济天下”，公益行动是功成名就之必修，正可谓“为公为功”，抑或“为功为公”。

“死磕派”·专业素养

在这里借用“死磕”二字或者“死磕派”一词，我想说说青年律师的专业素养问题。

应当说，在不同的语景中，“死磕”二字有其不同含义，大多非褒义，也不必然贬义，但却肯定不友好。现实中，不排除“死磕派”中还有“左”“中”“右”之分，不否认“死磕派”中有借题发挥、以偏概全、虚张声势、沽名钓誉之少数，但值得我们关注的是，“为何磕”与“磕什么”？我们发现，为当事人合法权益而“磕”，“磕”司法机关某些部门某些人侵犯律师执业权利者，乃大多数，乃死磕之常态。而且司法机关中极少数者有权任性惯常，为所欲为习惯，稍一不对其路，则指责律师为“死磕”，动辄喝斥，甚至咆哮“来人，拿下”以至赶出法庭，无怪乎最高人民法院院长周强在今年“两会”期间也说，“对法官老是把律师赶出法庭百思不得其解”。

由此看来，属于“泛死磕派”的律师还真不少，而其大多数也只是“较真”“挑毛病”“发现漏洞”。正如《人民日报》

今年 1 月 28 日那篇《凭什么把律师赶出法庭》一文所提到的，司法机关以办案来把权力关进笼子的同时，又悄悄地把自己的权力放出了笼子。

不过，毕竟在中国语言文字中，“死磕”二字并非令人赏心悦目，于是，我们说，律师们可不可以不再授人以“死磕派”的伶牙俐齿、咄咄逼人，甚至穷追猛打之柄，而铭刻“雄辩家”的儒雅大气、侃侃而谈，却义正词严之形！

因此，我们要刻苦钻研业务，成为法学大家法律之师；我们要培养宠辱不惊，虽口若悬河却言之有理；我们要配合法官提高庭审效率，努力直击主题一针见血；我们要尊重法官检察官，设身处地，“己欲立而立人，己欲达而达人”。我们要清晰地“辨”、要雄壮地“辩”，而不是悲壮地“磕”，更不是壮烈地“死”，在依法自如行使执业权利的同时谨慎保护自己，善待并维护当事人的合法权益。

子曰：“质胜文则野，文胜质则史。文质彬彬，然后君子。”“勇而无礼则乱，直而无礼则绞。”姜文《让子弹飞》这部电影中有句台词：“站着把钱挣了！”同样，律师没有“坐”着说话的势力，也没有“躺”着说话的本事，更不应“跪”着说话卑躬屈膝，而拥有“站”着说话的权利。在这里，“站”着说话，其实是一种职业尊严、一份职业尊荣。

周世锋·政治素质

说到周世锋，谈及锋锐所，我想说的是青年律师的政治素质要求。

这次全国律师工作会议对律师执业提了四个“基本要求”：遵守宪法法律、忠于事实真相、严守执业纪律、坚持谨言慎行。同时，要求律师要做到三个“不能”：不能发表否定中国共产党领导和我国社会主义制度的言论，不能参与危害国家安全的组织、活动，不能煽动、教唆当事人采取围堵、冲击国家机关等扰乱社会秩序的非法手段解决争议。这是我们律师执业必须坚守的底线、不能逾越的红线。

作为执业律师，一定要谨言慎行，《律师执业行为规范》中就有这样的要求。律师是掌握并运用法律专业知识的职业人士，在社会公众面前具有相当的号召力、信任度，律师的言论对社会的是非对错标准有非常的影响，特别在今日之自媒体时代，“全民记者”“人人出版社”，发布容易、传播快速、转发广泛、存储便利，因此律师对案件发表言论时，必须客观、全面、依法、公正、审慎，不可误导、不能渲染、不得恶炒。面对层出不穷的各类事件，在众说纷纭与众声喧哗之中，律师一定要保持清醒的头脑，必须要有自己的独立思考，以法律思维评判、以法律方式处置，不当“花瓶”，不做“愤青”，体现法律职业人的政治素质。

这次全国律师代表大会，特别提出并论述了“人民律师制度”。人民律师的定位，与习近平总书记有关律师的指示、与党的十八届四中全会相关律师的表述，可谓一脉相承。习近平总书记明确指出，“律师队伍是依法治国的一支重要力量”，并且要求“切实加强律师工作和律师队伍建设”。[1]在党的十八届四中全会决定中，使用了“法治工作队伍”“法治专门队伍”“法律服务队伍”的表达。很显然，律师队伍作为“法律服务队伍”，是“法治工作队伍”和“法治专门队伍”中不可或缺的重要力量，在全面推进依法治国进程中具有不可替代的重要作用，其人民性不言而喻。

人民律师的宗旨，在于为广大人民群众服务。小平同志早就指出，中国搞现代化建设要有30万名律师。中国搞现代化的目的在于全面建成小康社会，让人民群众安康幸福。在现代化的进程中，人民群众日益增长的法律服务的需求更加迫切，“有问题，找律师”，已经成为一种社会常态，“人民群众遇到法律问题，找律师咨询、代理开始成为习惯”。随着律师事业的发展，涌现出一大批优秀的人民律师群体。例如，佟丽华律师长期关注社会弱势群体、致力于未成年人和农民工权益保护，体现了一名优秀人民律师的高尚品格。

1 刘军涛、文松辉：《让律师成为全面依法治国重要力量》，载《人民日报》2015年8月21日，第4版。

在本次律师工作会议中，佟丽华在接受29家媒体联合采访时，首先就表达了自己作为一名人民律师应致力为人民服务的情怀。

互联网＋全面服务“四个全面”

如果说，刚刚说到的政治素质、专业素养、社会责任、行业责任、同侪尊重、法治信仰，都是所谓世界观的话，那么从方法论的角度，在互联网＋时代，我们应该如何全面服务“四个全面”？

中央强调，我们要“全面建成小康社会、全面深化改革、全面推进依法治国、全面从严治党”。我们广大律师，要关注新常态，包括经济的、政治的、法治的新常态，并同时塑造我们律师的服务新常态。

服务新常态的形成与完善，必须要实现我们自己的理念转变、业务转型、管理转轨、模式转向、监管转换。

其实在这里，我们法律人的服务理念更新是关键因素。过去当我们讲到法律的作用时，更多的还是强调规范和保障。我觉得我们要研究习近平同志的法治思想，总书记现在特别强调法律的“引领”价值。其实引领正是法律规范的核心内容，法律的可预见性便体现了这种引领。同时，总书记说“凡属重大改革都要于法有据”，[1]我的理解，法律在适应改革、推进发展方面必须发挥重要作用，法律规范的“推进”价值应予彰显。

在今日变革的新常态背景下，法律服务应该不纯粹是“保驾护航”，还应该要“推波助澜”，在规范与保障的同时，更要发挥引领与推进功能。例如，我们讲“一带一路”，我们不应只是满足于随着企业走出去，而是要做走出去的“革命军中马前卒”，虽投资驱动，但法律先行。

我们要适应互联网+，运用互联网+，为律师服务业增值、增彩。专家说得好：互联网的+号，不是+旁边，+在旁边只是工具；也不是+在前面，+在前面仅是渠道；而应该是+在脚下，只有+在脚下，互联网才是基础设施，真正实现主体的创新、整合、转型、升级。

于是，我们不应担心法律服务业是不是会被互联网所颠覆。我们要嫁接互联网、拥抱大数据，通过互联网+来优化我们的法律服务，提升服务品质的能级，拓展服务市场的蓝海，这才是最重要的当务之急。

我们要拓展“全面深化改革”全领域

我想至少有以下十大领域：服务积极发展混合所有制经济、

1 刘军涛、文松辉：《让律师成为全面依法治国重要力量》，载《人民日报》2015年8月21日，第4版。

服务新型城镇化建设、服务建立多层次资本市场体系、服务加快事业单位分类改革、服务加快转变政府职能、服务建立健全现代文化市场体系、服务深化医药卫生体制改革、服务创新社会治理机制、服务加快生态文明制度建设、服务推进法治中国建设。

因为时间关系，我不展开讲。我只说一下在推进法治中国建设中，我们律师必须广泛而又深入地参与立法。我举一个例子：我们国浩成都办公室施杰律师，在办理一件因醉驾引发的民事赔偿案件中，以高度社会责任感和敏锐的专业眼光，提出了“醉驾入刑”的建议，并通过担任全国政协委员的身份提交提案，几经努力，终获法定，他因此自然当选当年的“中国法治人物”。一个案件，一个提案，一个立法，一个人物，这正是施杰律师的立法参与轨迹。

有一位律师界的朋友指出，律师在参与立法方面，要通过“个案”“要案”发现立法中的问题，在此基础上形成“教案”，传道授权解惑，要形成“文案”著书立说，最后通过“提案”参政议政、建言献策。

北京大学陈瑞华教授日前来全国律师协会座谈时也谈到：假如我们把法律制度视为一个市场产品，那么律师就是最重要的消费者。作为消费者的律师最清楚市场的缺陷，也最了解产品的不足。从这一角度看，律师应该积极主动地参与游戏规则的制定，努力促成一部好法律的产生。

我们要服务“全面从严治党”新概念

应该说，在为政府提供法律服务方面，我们已经积累了大量的经验，形成了现行的模式。于是在为全面从严治党的服务上，我们要琢磨出一点东西来。

可以这样说，我们的党依法执政，是离不开律师的法律服务的，我们要拓展这个新领域。我们要勇于担当党委法律顾问，为完善“党委科学民主决策机制”提供全方位法律服务；我们要致力参与“使党的主张通过法定程序成为国家意志”的实践，为完善中国特色社会主义法律体系出谋划策；我们要主动服务“形成完善的党内法规体系”工作，为党内法规同国家法律的衔接和协调贡献专业才智；我们要积极创设以案释法，为各级党组织及其领导干部提高法律意识提供教育培训服务；我们要专业介入反腐败国家立法与从严治党制度的衔接，为形成不敢腐、不能腐、不想腐的有效机制发挥独特作用；我们要善于担任党代表、人大代表与政协委员以及以其他有效方式，在更高平台上与更大空间中建言献策。

最后我想说“好风凭借力，送我上青云”。我们青年律师应当趁势而动，顺势而为，抓紧机遇，应对挑战，在伟大的时代建功立业。《论语》说：“士不可以不弘毅，任重而道远。仁以为己任，不亦重乎？死而后已，不亦远乎？”我们青年律师，就应该有这样的担当！

（这是作者2015年8月31日在全国律师协会青年律师工作委员会年会上的演讲）

后　记

记得多年前在朋友的车上听到邓紫棋演唱的《存在》这首歌，被其打动的不仅是激昂的旋律，还有歌手的张力，更因歌词的哲理。

多少人走着，却困在原地
多少人活着，却如同死去
多少人爱着，却好似分离
多少人笑着，却满含泪滴
谁知道我们，该去向何处
谁明白生命，已变为何物
是否找个借口，继续苟活
或是展翅高飞，保持愤怒
我该如何存在

多少次荣耀，却感觉屈辱
多少次狂喜，却备受痛楚
多少次幸福，却心如刀绞
多少次灿烂，却失魂落魄
谁知道我们，该梦归何处
谁明白尊严，已沦为何物
是否找个理由，随波逐流
或是勇敢前行，挣脱牢笼
我该如何存在

谁知道我们，该去向何处
谁明白生命，已变为何物
是否找个借口，继续苟活
或是展翅高飞，保持愤怒
谁知道我们，该梦归何处
谁明白尊严，已沦为何物
是否找个理由，随波逐流
或是勇敢前行，挣脱牢笼
我该如何存在

本书《如何存在》这一书名，正是取材于汪峰创作的这首歌曲，同时标上副标题“与青年法律人谈心”，主要表达的是，青年法律人如何认识自己，如何认知职业，如何生存与发展，如何在法治中国建设中发挥作用、建功立业……

本书内容的四大部分，选取了本人在四种场景中，说的话、讲的理、留的言、寄的语：

第一部分：欢聚时，总有一些话要说。

收录的是本人在国浩律师（上海）事务所年会上致全体员工，特别是青年律师的讲话，共计6篇：我们应有的热爱；我们的凝聚之道；我们应有的初心；我们的融合之道；我们的共享之道；我们应有的高度、温度与厚度。

第二部分：论道中，总有一些理要讲。

收录的是本人在相关的论坛、讲课中给青年法律工作者，包括青年律师、青年法官发表的行业文化、参政议政、社会责任、专业素质等方面的内容，共计6篇：让律师文化成为事业发展的核心竞争力；青训营中话“参议”；律师眼中好法官的“样子”；精彩在延续，成功不间断；努力实现从合伙人向接班人的华丽转身；以疫情为镜，律师有哪些“本领恐慌”？

第三部分：迎送间，总有一些语要寄。

收录的是本人作为华东政法大学律师学院首任轮值执行

院长以及华东政法大学毕业生，在开学典礼和毕业典礼上给同学们的寄语，共计4篇：“假如给我三年光阴……”；祝你“长大成人”；“跟着你，到天边……”；送给同学们两个字：责任。

第四部分：相遇后，总有一些言要留。

收录的是本人对行业领袖、国浩同仁、著名法官以及女律师群体、青年律师群体的学习体会、观感评价，借以提炼出青年法律工作者应该传承的人文精神，共计6篇：我们为什么要纪念张涌涛；“天下归仁”——怀念于宁会长；怀念贾勇先生；“希望让律师的执业环境越来越好”；为上海女律师点赞；在今天这个时代，成为好律师的世界观和方法论。

屈指算来，从1990年考出律师资格、1991年获得兼职律师执照、1993年创办万国律师事务所成为专职律师至今，一晃从事律师职业恰30年。行万里路，读万卷书，阅万般人，不停说着，不断写着，各类发言讲话致辞、小评论小文章小论文，大概也有百把万字的积累了。梳理与提炼一下，在这本《如何存在》之后，还应该有一本《去向何处》、一本《变为何物》吧，书的题目同样出自《存在》这首歌的歌词。写下这几句话，用一个常用的“病句”就叫作“敬请期待”，也算提前做一个预告吧，其实更重要的是对自己“加压”与鞭策。

感谢法律出版社编辑部领导与同仁，因我这本小书我们携手创办了“国浩人文文库”，于是国浩与国内顶级出版社合作已经拥有了“国浩法律文库”“国浩财经文库”“国浩人文文库”三大研究与出版平台。感谢国浩发展研究院尤越执行院长的辛勤努力，她带领她的团队认真细致地编与校。感谢国浩“一枝笔”李世亮律师为本书挥毫题写书名。曾经有友20多年前就告诉我，可以把自己平时说的或许有点意思有些意义的话用“烂笔头”记录下来，成文出书，于己于人也许皆有借鉴价值。努力践行，希望如此。

吕红兵

2021年11月于上海静安嘉地中心